La Otra Cara Del Sueño Americano

Marta Del Orbe

PAGE PUBLISHING, INC.
Nueva York, NY

Primera publicación original de Page Publishing, Inc. 2019

ISBN 978-1-64334-138-5 (Versión Impresa)
ISBN 978-1-64334-140-8 (Versión electrónica)

Libro impreso en Los Estados Unidos de América

Dedicado

A todos aquellos niños tirados como ancla para escalar o que son dejados atrás como cachorros perdidos en la profundidad de la selva que ahoga sus alaridos y lentamente apaga sus miradas, al perder las esperanzas de ver llegar a sus padres; que salieron un día en busca de un sueño de una vida mejor, convirtiéndose ellos en el precio a pagar.

A mis hijos Juan, Divisat, Marcos, Isis, y Dionel que, en su tierna lucha de niños, forjaron mis fortalezas en el camino. Ellos en su tierna lucha de niños forjaron mi fortaleza en los caminos de la tierra de los suñeos.

Arrullando a los soñadores en el regazo de la ilusión que murmura y dice que todos tienen derecho a soñar —no importa dónde duerman— el Sueño Americano tiene grandes similitudes con el amor. El amor se suspira, se sueña, se espera, se idealiza, pero por más que los poetas y otros han tratado de describir y señalar sus virtudes y maravillas, no han podido; se pierden en un abismo de palabras, ante las diferentes y raras manifestaciones del mismo. Asimismo, el Sueño Americano, por más que se justifique al describir sus bonanzas, fortunas y edenes, no se puede explicar tantos desatinos tras su búsqueda, porque no hay bálsamos que curen las heridas, ni calmante que calme tanto dolor de las desgarradoras realidades y su precio a pagar.

El espanto causado por la realidad de la otra cara desconocida, que no se visualiza al soñar, termina desfigurando el rostro de las ilusiones al llegar uno a la tierra de los sueños. América: el país y tierra de las esperanzas, donde muchos aspiran poder llegar a soñar en la cama de las abundancias y la prosperidad, donde hay para todos y queda para mañana.

Difíciles de olvidar son aquellas historias que te llevan a volar con la imaginación, haciéndote crecer con el néctar de lo vivido, y a sonreír dentro del mundo a visitar, embriagándote con aquella magia que te trasporta y hace imaginar aquellas cosas jamás imaginadas. Pero también se quedan grabadas aquellas historias que marcan cicatrices en la memoria, a través de las vivencias fuertes, en el camino de las experiencias en la jornada de la vida. Estas historias carecen de fantasías.

Las interpretaciones de los sueños siempre han tenido dos caras: la que presenta las visiones, y la del sentido figurado que lleva al misterio. Sueñas con algo hermoso y te levantas feliz, contento y muy bien dispuesto. Sueñas con algo horrible y presientes que algo malo puede pasar; caminas con sigilo —mucho cuidado alrededor y algún temor— a excepción del Sueño Americano que curiosamente siempre se pronostica un seguro y prometedor futuro, una vida en abundancia, un bienestar fabuloso, mejor cada día. Sin la menor duda ni presentimiento de que algo no tan bueno puede pasar, que es posible despertar en medio de una oscura pesadilla, sin tener alguien a tu lado que te palmee la cara para despertarte a la realidad. Solo por no aplicar la regla común del sentido figurado de todos los sueños, que no siempre son como los pintan. El Sueño Americano no presenta todos sus augurios porque esconde el profundo significado, que va más allá de lo que se puede ver o descifrar, dejándote casi siempre confuso en el mundo de las quimeras.

Todos tenemos una historia que la vida va narrando con gran esmero. Son las dos de la mañana. «*Levántate; ya es hora*». Maleta en mano; poca ropa, pero nueva y una pequeña cartera blanca, bordada quizás por alguien que dedicó horas, días bordando tan bonito ajuar para una dama (seguro que la diseñadora hubiera querido tener la oportunidad de estar en su lugar, rumbo al país de los sueños, y una vez allí, dejar de bordar carteras para lograr su sueño). Ella, con su cartera de bordados blanca prendida de su mano, como un niño agarrando a su juguete que no suelta, aunque vaya a la cama a dormir; dentro, un pasaporte rojo con una foto plasmada que refleja la mirada inocente de aquella niña.

—¿Lista?

—Sí—contesta.

—Es hora de irnos—replica su padre.

No se despide de nadie; todos duermen excepto su madre. No se despide de ella; siente miedo al privarse de su protección y no se atreve a mirar atrás. Se abre la puerta principal de la casa; el cielo está estrellado y la noche muy callada. Vive en un pequeño cerro que bordea la ciudad y deja al descubierto miles de luces —las estrellas que contrastan con la oscuridad y se imponen en el universo, desplegando un callado y misterioso paisaje en esta fría madrugada—.

Su padre, con la maleta y la pequeña detrás con su cartera blanca en la mano, siguiéndolo como lo que es: una niña, con una inocencia guardada que se convertirá en su peor enemiga en el mundo cruel que la espera. Cruzan la ciudad de extremo a extremo; su primera parada es la casa donde aguarda la guía que los llevará a la capital, punto de partida. Tocan la puerta. El silencio denuncia que duermen. Aguardan, y una voz se escucha desde el interior de la casa. La noche sigue callada —muy callada— quizás confabulada con la tristeza que siente ella, aun sin estar consciente de todo aquello que tendrá que enfrentar.

Parten; el auto se pierde en la distancia dentro de la oscuridad de la noche que se hace cómplice de la incertidumbre que señala el camino. Algunos faros de luces, encontrados de otros viajeros en la vía, parecen querer arrancarle los secretos a la oscuridad de aquel valle que duerme, tranquilo en la falda de aquella misteriosa y callada cordillera a la que no puede decirle adiós porque en el saludo de la mañana, a la salida del sol, ya se encuentra volando sobre el vacío de un inmenso mar que la separa de su tierra y de todo cuanto tiene.

Llegan al aeropuerto; no pregunta nada. Es como un animalito que de pronto es sacado de su hábitat, enjaulado, y llevado a un lugar extraño. Ella no sabe ni tiene idea en este momento lo que significa el viaje a un mundo desconocido, cuando solo lleva en sus manos una pequeña cartera, un pasaporte, y una dirección escrita que indica su destino. También lleva consigo aquella inexperiencia y desconocimientos que no encajarán en una sociedad exigente y peligrosa como la del país de los sueños, convirtiéndose estos en sus peores enemigos para luchar en el camino de la sobrevivencia a enfrentar.

¿Cómo describir el aeropuerto que ve ella por primera vez? Lo ve tan grande como el mismo vacío que siente en su interior. Su padre hace una llamada por teléfono. Resultado: silencio, y el rostro del padre desconcertado y triste.

—Tiene que irse—dice la señora guía.

A las siete de la mañana el vuelo va a salir; se oye la última llamada de aviso a los pasajeros. No le explican nada; solo le señalan la puerta de salida por donde tiene que partir. No dice adiós y, guiada por la quietud del silencio, parte. Mira atrás solo para encontrarse con unos oscuros cristales; su padre ha quedado atrás.

Su cartera blanca en sus manos reflejaba a la niña soñadora, no del Sueño Americano porque sus sueños todavía son otros, muy parecidos a aquellos sueños color de rosa donde se cree que todo es posible, hasta de esperar y ver llegar al príncipe de tu sueño montado en su caballo blanco para juntos cabalgar.

Aterriza el avión en la tierra de los sueños; ahora hablan inglés. Abren la puerta y comienzan a salir. Ella sigue a la gente, se pone en fila, y pasa por migración sin problema (tenía una visa de estudiantes por un año, treinta días de estadía o permiso para estar en los estados unidos; eso no lo supo en el momento sino después). Continúa siguiendo a la gente y recoge su maleta. Con su maleta y su pequeña cartera prendida de sus manos, sigue a la gente de nuevo, caminando ahora en los pasillos interminables del aeropuerto J. F. K. No sabe a dónde dirigirse; mira alrededor pero no sabe qué dirección tomar. Va de un lado a otro, aturdida y muy asustada. Una dirección, un teléfono escrito…no sabe cómo llegar; no sabe cómo llamar. Busca a su pariente por todo lado; solo encuentra caras desconocidas. Pasa el tiempo y ella se mueve de un lugar a otro, a veces sentándose, agostada más por la incertidumbre que la aturde que por el cansancio.

En los aeropuertos hay diferentes rutas, pasillos y destinos, como diferente gente. Si necesitas ayuda, tienes que buscarla siguiendo instrucciones que indican rutas o preguntando a los informantes de turno, pero ella no sabe cómo hacerlo, Solo sabe que alguien tiene que recogerla del aeropuerto y llevarla a su destino. Tiene hambre, pero el cansancio, confusión y desesperación son mayores al sentirse perdida, sola, y tan lejos de los suyos.

Por instinto, sabe que tiene que hacer algo. De pronto, sale alguien por la misma puerta que ella había salido; le parece confiable y que habla su idioma. La niña se acerca:

—Señora, ¿usted puede ayudarme? Tengo que hacer una llamada y no sé cómo hacerla. ¿Me puede ayudar por favor?

—¿Tienes el teléfono?

—Sí— contesta.

La señora coge un teléfono de cabina y, marca el número. Efectivamente, el pariente recoge el teléfono y la señora empieza a hablar:

—Aquí hay una niña en el aeropuerto dice que usted viene a buscarla. Ella tiene horas que llegó y está aquí esperándola…

Cuando cuelga, la mira y le dice:

—Ella no puede venir a buscarte. Tienes que esperar aquí hasta que su hermano llegue del trabajo a las seis de la tarde.

Teniendo en cuenta que está en camino desde las dos de la mañana y tener que esperar hasta la seis de la tarde, no hay que ser muy dramático para imaginarse cómo se siente.

Sigue la señora (su ángel, así la ve y la recordará ella):

—No es posible. No te dejaré aquí sola; vendrás conmigo y te llevaré personalmente a esa dirección. Si no la encuentro, te vas a casa conmigo.

Así salen del aeropuerto, siguiendo la niña un sueño que nunca había tenido. No son sus ilusiones buscar y realizar sus grandes sueños en ese famoso país llamado U.S. Tal vez por eso se siente tan perdida, sin encontrar la vía de llegada. No tiene meta; tampoco sabe lo que busca. Simplemente no sabe qué hacer ni qué camino seguir. Llegan al destino señalado en aquel papel endeble y al descender del auto, ella da el primer paso de aquel largo camino y prueba el primer trago de aquel ajenjo amargo que tendrá que beber en el despertar de cada día.

No es fácil—*it's not easy*—el desvelar la otra cara del Sueño Americano, porque no es lo mismo correr un velo que correr una cortina. Cuando levantas un velo, descubres un rostro; cuando corres una cortina, dejas al descubierto muchos rostros en el escenario. No es fácil porque este sueño tiene un gran prestigio pasado de generación a generación y ha sido muy bien reguardado detrás de lo que se cree ser el santuario de las fortunas y los éxitos seguros. Por lo tanto, detrás de cada historia o experiencia trágica siempre hay una justificación tanto del que la cuenta como del que la vive. Con tantas realidades dibujadas en el rostro oculto del Sueño Americano, pocos son los que se atreven a correr la cortina en el escenario de ese gran drama donde las escenas siempre aparecen turbias y el contenido es difícil de descifrar.

Siguiendo Un Sueño

Ella se encuentra con caminos indecisos y oscuros. Objetivo principal: buscar trabajo. En los clasificados del periódico dice que se necesitan operarias con experiencia; eran los anuncios diarios más comunes. Ella sabía cocer, pero le faltaba la experiencia requerida. Su prima se convirtió en su mejor amiga. En ocasiones compartían juntas algunas experiencias como buscar trabajo porque un empleo era demasiado para ella. Un día común, encontraron en los clasificados del periódico algo diferente que les llamó la atención: «*se busca dos muchachas de buena presencia para ama de llave*». Les pareció interesante y lo marcaron para darle seguimiento. La situación de la prima era muy diferente a la suya: la prima vivía con sus padres y hermanos y podía ir a la escuela si quería, sin embargo, prefería trabajar. Ella la envidiaba por eso (claro que en secreto; nunca lo comentó), pues era su sueño ir a la escuela—una de las cosas que forzosamente había dejado cuando se fue del seno del hogar—.

En esa ocasión, en la búsqueda de empleo, las acompañó una persona más experimentada, en precaución por la clase de anuncio que solamente daba una dirección y pedía que se presentara cualquier interesado para una entrevista. Llegaron y efectivamente encontraron la dirección y el lugar mencionado en el anuncio—un edificio muy grande y lujoso situado en un área exclusiva de la ciudad de New York—. Tocaron el timbre, y la puerta se abrió a una especie de oficina con un escritorio y un sillón negro reclinable donde estaba sentado un señor de unos cincuenta años, sonriente y sereno. Les dio la bienvenida y les invitó a sentarse. Hizo pausa, dejó de hacer lo que estaba haciendo en su escritorio y procedió a entrevistar a las dos juntas:

—¿Cómo supieron del trabajo? —preguntó.

Le enseñaron el periódico que tenían en las manos como prueba y guía de dirección.

—Ustedes, ¿Qué son? ¿Amigas o se encontraron aquí? —preguntó.

—No, somos primas y andamos juntas—contestaron.

—Sí, necesito dos muchachas. Una para limpiar y organizar la oficina, otra para recoger y organizar las correspondencias y luego llevarlas al correo…algo así como una especie de mensajera, relacionada con rentas de apartamentos, hacer depósito en el banco y llevar cartas al correo.

De repente se dirigió a ella directamente sin rodeo:

—Sí, el trabajo está disponible, pero a ti no te quiero para nada de eso ya mencionado. A ti te quiero para casarme contigo.

Ella se quedó pasmada; no sabía qué decir ni a dónde dirigir la mirada en ese momento. No sintió miedo ni ninguna otra emoción porque no estaba sola; tampoco asimiló el contenido real de la propuesta. La persona que hacía de chaperona se sonrió y dijo:

—Vámonos de aquí.

Antes de ponerse de pie, desde su asiento el señor replicó en una forma agitada, como si quisiera ganar tiempo para explicar algo que se consideraba absurdo:

—Estoy hablando en serio. La quiero a ella para casarme. Te voy a poner la mitad de mis bienes a tu nombre antes de casarnos, si lo pones en duda y no me crees busca tú misma el abogado.

Ella se mantuvo sin decir nada y se levantó para irse. En un tono apurado como si quisiera ganar tiempo en aquella corta entrevista para explicar sus intenciones, al ver que se retiraban sin decir nada, el señor dijo:

—Te estoy poniendo una fortuna en tus manos, que no vas a conseguir, aunque te pases toda la vida trabajando en una factoría.

Ella siguió escuchando y hablando con su silencio. En el momento en que se retiraban, el señor soltó sus últimas palabras en un tono frustrante:

—Por lo menos déjame tu teléfono.

La chaperona que las acompañaba se lo dio—¿Con qué intención?— y luego se marcharon.

Recorrieron el camino de regreso entre risas y comentarios sobre lo descabellado que les había parecido la propuesta del señor. Al no saber con certeza la verdad de sus intenciones, se preguntaban curiosamente qué pudo haber visto en aquella joven, de una edad para estar en la escuela, pero ya con la gran responsabilidad de buscar trabajo para subsistir. Sin duda, él había visto la invulnerabilidad de ella—un patrón repetido y común en el país de los sueños donde las llamadas oportunidades escalan a todo nivel—. Efectivamente, él llamaba a la casa de vez en cuando, pero ella nunca habló con él; ponía a su prima a hablar pretendiendo ser ella, y él siempre creyó que estaba hablando con ella. Luego, él perdió su rumbo; en esos días, la familia donde se hospedaban se movió a otro lugar de la ciudad, perdiendo todo contacto con ellas.

Ella nunca olvidó ese pasaje de su vida, preguntándose en ocasiones: ¿Sería esa la oportunidad de lograr el sueño perseguido en la tierra de los sueños? ¿Hizo lo correcto o desaprovechó la oportunidad de su vida, aunque el precio a pagar fuese la inocencia vendida? Nunca lo supo porque en aquel entonces no tenía ni siquiera la curiosidad—y mucho menos la experiencia—para averiguarlo. Sin duda, este interrogante tiene muchas respuestas, porque es un hecho que la mayoría de la gente está dispuesta a todo con tal de lograr lo que se cree ser una oportunidad para comenzar a digerir y disfrutar este sueño; por eso es tan común este tipo de caso. Lo frágil de las situaciones genera la desprotección, haciendo del soñador una presa fácil al depredador. Lo peor de todo es que estos depredadores saben que sus presas están dispuestas a vender y canjean lo que sea con tal de lograr sus objetivos.

Qué doloroso puede llegar a ser para un caminante saber que las piedras están en su camino después de encarnarse las uñas, pero muchísimo más doloroso y frustrante es recordar que las experiencias vividas, más que lesiones para crecer, fueron riesgos muy peligrosos que pudieron haberlo llevado a ser uno más en las estadísticas trágicas.

Ella necesitaba comprar algunas misceláneas para su uso personal. Ya había ido en otra ocasión al centro comercial, pero acompañada; ahora tenía que intentarlo sola, para tomar control de su vida y ser autosuficiente. Era un poco precoz, pero así lo demandaba la situación que la obligaba a tomar riesgos apurados. Con una incertidumbre parecida a la de adentrarse en una selva sin saber qué clases de depredadores pueden atacar, ella se aventuró en aquella jungla de ladrillos. Se atrevió a tomar el bus con mucho cuidado, mirando siempre alrededor, casi dejando marcas y señales que le permitirían reconocer el camino para regresar a casa, insegura como pájaro que alza su primer vuelo, o cachorro explorando los predios del lugar que hará su hábitat. Llegó con mucho cuidado y sigilo, caminando solo por las calles que ya conocía del lugar. Todo estaba bien hasta que quiso regresar—las rutas de regreso a veces son diferentes; no lo sabía y se había extraviado—. No sabía cómo volver a casa (un contratiempo muy común para los recién llegados en cualquier lugar); ya nada le era familiar y estaba perdida en la calle.

Se dio cuenta que tenía que buscar información, así que decidió preguntar para orientarse. Se acercó a un señor que le pareció confiable y le preguntó por la estación de regreso del bus que tenía que tomar. Primero, él trató de orientarle, pero inmediatamente después se desvió del tema, invitándola a su casa a tomarse una taza de café. Ella le respondió:

— No tomo café.

— Entonces un refresco—insistió.

—No, gracias, tengo que irme. Estoy tarde— dijo. Era verdad; ya tenía mucho tiempo perdida.

—Solo un momento—replicó—, yo después te pongo en el bus de regreso.

Por su insistencia, ella se dio cuenta de sus intenciones, y como pudo se alejó de él. Salió bien librada porque no era un lugar solitario, él no podía obligarla a nada, había muchas gentes alrededor por ser un centro comercial.

Es lógico pensar y a la vez decir, «*¿Qué importa si se perdió o no en el camino? Cualquiera se pierde*». Es verdad; puede carecer de importancia, pero todo depende del camino, el lugar y—lo más importante—los caminantes con quienes te encuentras. Ella salió librada, pero seguramente muchísimos adolescentes y no adolescentes, después de encontrarse con la persona equivocada en la tierra de los sueños, han quedado atrapados en un simple descuido, perdidos en ese inseguro sendero, pagando un precio muy alto tras un ultraje, una violación, un robo, un secuestro, desapariciones, muertes en la travesía, años de esclavitud, o cualquier otro crimen cometido por alguien persona que ve la inmunidad, desprotección y desorientación de los inmigrantes. Esa es la realidad y muchas veces el precio a pagar; sin duda todo esto es parte de la realidad que talla la otra cara del Sueño Americano.

Tomando decisiones en el camino a seguir, ella se casa—prácticamente sin planearlo—tal vez en el momento menos indicado por varias razones, una muy importante y validada: no se puede comenzar por el medio o por el final; todo tiene su orden a seguir. Sus recuerdos agradables a la memoria de una vida de entrega y de principio familiar fueron el caldo de cultivo que llevó a aquella inocente mujer, en medio de aquella vorágine de confusión y desatino, a llevar su barco a puerto seguro. Dicha unión trajo hijos que se convirtieron en su motivo y fuerza para luchar en la vida; los triunfos de ellos pasaron a ser la meta de ella en la tierra de los sueños.

Luchó con coraje, con todo y contra todos para integrar a sus hijos a la sociedad como personas útiles: era una lucha que tenía que ganar a como diera lugar. Los sueños de aquella joven mujer habían quedado atrás, pero estaban en sus manos los sueños de otros: sus hijos. Ya era una responsabilidad más que un sueño a lograr. Los sueños conquistados en ellos sin duda fueron triunfos muy satisfactorios. Esos logros solo llenan parte del vacío; pronto se convierten en conflictos emocionales y frustraciones personales, porque es donde se sienten los efectos de las renuncias que te llevan al sacrificio de dejar de ser tú, pretendiendo que no cuenta.

Los sacrificios llevan al deterioro del propio bienestar porque generan sufrimientos, mientras que la entrega de uno se convierte en el bienestar de todos. En los sacrificios, uno se olvida que también cuenta porque solo da—nunca recibe—y es muy difícil balancearlo todo, perdiendo el equilibrio con el peso de las responsabilidades y las expectativas de otros. Esto obliga a seguir adelante sin las herramientas necesarias para luchar, lo cual se convierte en un suicidio lento y voluntario. En la entrega, uno siente el calor y, compartiendo sus fuerzas, mira a los ojos de aquel que recibe. El país de los sueños tiene cortas y largas calles para recorrer; con frecuencia tienes que escoger entre lo fácil o lo difícil, entre sacrificarte o sacrificar.

Muchos son los que se convierten en víctimas del Sueño Americano a través de los sacrificios de una forma o de otra. Casi siempre la mayoría de los seguidores de ese sueño sirven de puente para que otros pasen, haciendo camino con la espada de la voluntad y el coraje que los llevan al desafío, luchando para lograr el Sueño Americano, siguiendo ese gran escenario que atrae a un mundo lleno de fantasía, cuando en realidad es un sistema lleno de desigualdades y discriminaciones que esconden su verdadera cara tras ese prometedor futuro lleno de ilusiones vacías. Es un mundo idealizado lleno de trampas mortales en finas y delicadas redes parecidas a la telaraña—finas, pero muy fuertes—. Si no te pueden atrapar, se adhieren a tu cuerpo como hiedra, atrapándote de cualquier manera.

Se habla de tantas maravillas que hasta provoca envidia a todos aquellos que no logran caminar y recorrer los pasillos de la tierra de los sueños en su búsqueda. Este sueño es propagado en la mente de la gente como un gran tesoro lejano pero seguro: una vez que logres llegar ahí, tienes asegurados los éxitos, valorados y traducidos en fortunas.

Las renuncias forman parte del capital que se paga por este sueño que implica dejar cosas, cambiar, perder valores, vivir con sentimientos ahogados y sufrimientos prolongados como resultado. Esta cara del Sueño Americano es la que *The Other Side of America Dream* trata de señalar y describir a través de realidades innegables, aunque no se las quiera aceptar. El Sueño Americano no es siempre verde como se cree, sino que tiene muchos colores y matices que nadie quiere pintar porque la realidad es difícil de imaginar y—lo que es peor—no se quiere admitir.

Los soñadores van corriendo como caballos en hipódromo sin mirar a los lados. Pocos se detienen en la carrera a observar; pocos se atreven a hablar de las consecuencias por miedo a despertarse. Saben que solo unos cuantos obtienen la victoria y que los demás quedan rezagados en la carrera. A nadie le gusta hablar de ellos y si lo hacen, lo justifican al mismo tiempo, con algunos pequeños o grandes logros de unos cuantos, lo que en realidad da lo mismo porque con ellos tienden a enmascarar y olvidarse de los verdaderos estragos y consecuencias de todas esas renuncias y sacrificios por este sueño colectivo de tantas gentes.

La gente se atreve y llegan a todo por la desinformación y desesperación. Renuncian a grandes y esenciales cosas en su vida sin estar conscientes de las consecuencias. Canjean cosas por otras sin medir su valor, perdiendo lo uno y dejando lo otro. Sin darse cuenta, llegan a carecer de lo más imprescindible porque lo entregan todo hasta quedarse sin nada. Hay que preguntarse si vale la pena ceder tanto y pagar con esa clase de moneda, que tiene por nombre renuncia—renuncias a tus hijos, pareja, amigos, familia, profesión, ideales, tierra y tus propios sueños por otros desconocidos—.

Te vas. No sabes cuándo vuelves o si podrás regresar algún día. Si regresas, ya no encuentras nada; todo es diferente. Los amigos ya no están, los niños ya han crecido, y los ancianos ya se han ido. La familia está dividida porque un día decidiste marcharte, dejándolo todo; los hijos que no te reconocen porque no pueden recordar la última vez que vieron tu rostro. Hogares destruidos porque, obligado por soledad o necesidad, alguien llena ese vacío. Ancianos muertos en la desesperación de no poder ver a sus hijos por última vez porque después de su último adiós y muchos años de separación, tienen que partir a ese viaje sin regreso, con el dolor de no ver regresar a sus seres queridos, después de una larga espera.

Razones, muchas: no tienes residencia, no te dan permiso para ir, no hay dinero, si te vas, no puedes regresar, te falta tiempo libre en el trabajo y—la más cruel de todas—el olvido, donde el tiempo que lo corrompe todo, es implacable. Muchos tan solo se consuelan con saber que cumplen o suplen algunas necesidades, por ejemplo, un poco de dinero o algunas otras cosas materiales. Pero saber que no volviste a ver el rostro de un ser querido antes de que partiera para siempre después de una larga espera, porque el día que se despidieron se convertiría—sin que lo supieran—en el último adiós… ¿Qué puede compensar tanto dolor y llenar tantos vacíos?

El Otro Lado Del Sueño Americano

Como un cuento que de vez en cuando recuerdas y te hace sonreír, pero también reaccionar al darte cuenta de su contenido y moraleja; como un sueño que repasas al despertar y tratas de recordar en el silencio de la mañana—*The Other Side of the American Dream* quiere relatar, en forma constructiva, las experiencias cercanas y lejanas de tantos soñadores, a través de sus luchas y desafíos; que alguien quede advertido en las experiencias de otros. Aunque es cierto que no siempre se aprende en los tropezones ajenos, fuera de las propias experiencias—caminando el camino es donde se cuentan los pasos y se encarnan las uñas—siempre es bueno saber dónde están las piedras y los precipicios también. Aunque cuando se trata del camino hacia el Sueño Americano, no se quiere ver las piedras ni los deslizaderos tampoco; aunque las predicciones de los sueños están sujetas a variados significados dependiendo del interpretador y las circunstancias soñadas; aun así, es bueno saber de las piedras en el camino para esquivar el paso y no caer sorprendido.

Esperando por la encomienda: Esta familia tenía dos hijos, dos jovencitos. Hombre y mujer, casi niños, fueron enviados tras el Sueños Americano—algo parecido a cuando un padre manda a un niño a buscar un paquete a un lugar determinado pero desconocido por él; solo con la referencia de quien lo envía—. Ellos se fueron tras esta encomienda, puestos en el camino que les tocaba seguir, como barco a la deriva en mar abierto, sin saber a qué puerto iban a llegar. Para adquirir el dinero que necesitaban para este viaje, tuvieron que deshacerse del legado familiar—su casa—porque no importa lo que ceda; este es un negocio seguro, así se percibe este sueño.

Llegaron a su destino, pero poco tiempo después, uno fue devuelto al lugar de origen porque cuando trataba de agarrar los huevos de oro, el pájaro encantado lo sorprendió. Tras un arbusto el otro se escondió y pudo quedarse. La lucha ahora era más difícil, la carga de la encomienda más pesada; se habían dividido en el camino y el otro tenía que seguir solo.

Pudo quedarse. Pasaron los años y se perdió el patrimonio familiar, dejando a sus padres a la intemperie sin su hogar. Se enferma su padre y muere quedándose con el adiós del día que había partido la hija, a quien no le era posible regresar porque no había logrado su objetivo. Pasa el tiempo y sigue dando vuelta en el mismo lugar, sin poder distraer el pájaro de los huevos de oro. En otra ocasión muere su madre, ya anciana y esperando el regreso de su hija con la encomienda encargada; tampoco le fue posible despedirse.

Resultado: una familia desmembrada, dividida por la distancia y con la ansiedad de la espera. Ahora sus sueños habían cambiado: solo querían reunirse de nuevo, pero no fue posible. El tiempo estaba haciendo sus estragos; los padres se habían ido para siempre y no fue posible un reencuentro. ¿Qué significa este sueño? ¿Dólares, un poco más y supuestamente una mejor vida? Pero, ¿A costa de tanto? Familias separadas, hijos dejados atrás perdiendo a sus padres, amores que se secan, parejas divididas, fraternidades marchitadas, abuelos olvidados, y nietos sin recuerdos son solo parte de los valores apostados al Sueño Americano porque no se escatima en nada tras esta fortuna arrepintiéndote después, queriendo regresar.

Arrepentido está: quisiera regresar; creía que sería diferente. Vino a trabajar, pero no encuentra trabajo; encuentra trabajo, pero no quiere lavar platos—es arquitecto profesional y sabe muy bien dibujar—. Deja su trabajo y ya hay otro en su lugar; contrae deudas que tiene que pagar. Necesitan a alguien, pero no sabe inglés; quiere estudiar, pero no tiene tiempo porque hay que trabajar. Vive con su amigo; con la renta tiene que ayudar. Se vence la visa; no puede trabajar. Necesita un número de seguro social; ¿Quién se lo puede prestar? Habla con su patrón para estar sin reportar. En un sobre amarillo recibe el sueldo; cuando cuenta al final, le faltan horas sin pagar. Reclama la labor de su sudor; dice el patrón *«próxima semana te voy a pagar»*. Pero en el próximo pago, *«ya no te necesito más. El trabajo está flojo; luego te llamaré*». Desaparecen los sueños y las ilusiones también, dispersados por la realidad.

Pasan días, semanas. Nunca lo llaman; el patrón nunca lo necesita. Encuentra a su amigo, Jacinto, quien cariñoso lo saluda:

—Mira, por fin tengo trabajo—le dice.

—¿Dónde conseguiste trabajo?

—Donde tú trabajabas antes.

Él bajó la cabeza y empezó a comprender los reclamos de pago que le hicieron perder su trabajo que con ganas quería él hacer. Ahí está la puerta donde comienzan el miedo y la inmunidad para soportar la tormenta sin cubrirse la cabeza. Ahora, su trabajo era de Jacinto, seguramente temporal porque el próximo empleado, ¿Quién sabe quién será? Son las oportunidades que la gente cree tener, pero en realidad son otros quienes se aprovechan de las condiciones de los soñadores. En esos adormecimientos, tardan años en darse cuenta de sus realidades que lo doblega.

La prepotencia se doblega con la inclemencia de los azotes de la realidad. Anécdota: esta señora tenía su pareja en su país. Ella lo había conocido en uno de sus viajes e iba a visitarlo con frecuencia en sus vacaciones. En una ocasión, él tuvo la oportunidad de entrar a los Estados Unidos de paseo, considerado esto un privilegio para muchos. Cuando se encontraron por primera vez, él se sorprendió al ver cómo vivía y cómo lucía ella en el país de los sueños y maravillas. Su primera reacción fue decirle: «*Tú no luces así cuando vas a visitarme a mi país*». Pero, ¿Qué veía diferente en ella? Por supuesto la delataban la dejadez que causa el estrés, llevando al cansancio, y la realidad marcada en su cara, haciendo contraste con su coquetería y las ostentaciones cuando ella iba a visitarlo a su país.

Algo que siempre se olvida a pesar de su importancia: la calidad de vida no siempre viene de la cantidad de dinero que tiene uno, ni el lugar donde vive. Es algo común en el país de los sueños, perderse la esencia del vivir y dejarse de sonreír en una vida agobiante que lleva a la desesperación, cambiando el semblante hasta transformar las sonrisas en lamentos, produciendo las lágrimas que bañan el rostro y nublan las miradas como plagas de cuatro estaciones.

La rutina agobiante de cada día: si eres madre, vas dos veces al día a la escuela sin la esperanza de graduarte; visitas al doctor varias veces al mes sin estar enfermo; haces el mercado cuantas veces pasas por el frente del comercio. Trabajo, escuela, médico, mercado, y rutinas diarias te llevan hasta el agotamiento; ¿Quién puede coquetear así? Y si quieres divertirte un poco, el tiempo tienes que inventar. Como en los sueños donde todo es diferente, los amigos y hasta la familia misma se tornan diferente como estación de invierno—frío, muy frío—por eso la gente se ve tan diferente.

Sueños marchitos: Es común preguntarse, «*¿Por qué tanta tristeza en el rostro de la gente?*» Sus caras marchitadas por los años y por sus sonrisas perdidas; sus palabras escasas como si el hablar quisieran olvidar; al buscar una sonrisa no la pueden encontrar. Tratando de encontrar respuestas a algunos interrogantes, ella es llevada por la imaginación al otro lado, muy lejos, donde vio y recreó algunas de las caras del Sueño Americano, viéndolas como realidades. El vestíbulo de espera de una casa hogar: ella llegó con la mirada donde se encontraba a una señora, sentada en una silla de rueda, que se cabeceaba soñolienta de un lado a otro, luciendo tan cansada y desmejorada como si no quisiera seguir viviendo. Una joven la acompañaba mientras esperaban su turno para ser atendida. Al seguir observando a la señora, ella se dio cuenta que todos tenían algo en común—la misma cara cansada y triste—incluyendo los empleados que parecían enojados por el estrés agobiante. Fue en eses momento cuando se acordó de su padre y sonrió, no de los infortunios de aquella gente, sino de las curiosas verdades que él había observado.

Años atrás, cuando su padre llegó a los Estados Unidos por primera vez, manifestó muy pronto su descontento y deseo de regresarse a su país de origen. Cuando ella le preguntó que por qué quería irse tan pronto, recordándole al mismo tiempo: "solo tienes tres meses que llegaste", él le contestó con una convicción asombrosa:

—No, mi hija; yo me voy de aquí.

—Pero, ¿Por qué, papá?

—Porque aquí todavía no he visto un anciano que no camine estacado, cojo o sosteniéndose por un bastón. Además, me volvería loco aquí limitado como gallo entre rejón sin espacio para caminar, solo mirando por las ventanas, sin saber dónde ir y cómo hablar—dijo, con lo último refiriéndose al idioma—.

Ella, al recordar estas palabras de su padre sobre un posible futuro en el país de los sueños—palabras que en el momento solo le habían provocado risas a la hija—por fin se dio cuenta de la gran realidad de sus humildes pero sabias observaciones.

Recordando sus palabras, salió de la casa hogar ese día observando a la gente en las calles al caminar. Comenzó a ver a ancianos y no ancianos en diferentes condiciones precarias independiente de su edad, con bastones o en sillas andantes de variados modelos—entre ellos, andadores que servían para poder a caminar no sus primeros pasos, sino quizás sus últimos—. ¿Por qué tanto deterioro físico que no tiene nada que ver con la edad?

Siguiendo en las calles, se encuentra con un joven de unos treinta y cinco años de edad que no solo andaba estacado como dijo su padre, sino que casi no podía caminar, aún con muletas en brazos. Son tan comunes estos casos, dejando en claro que este fenómeno no es cuestión de edad sino de los fuertes abusos físicos y mentales a desafiar diariamente. Este peso se arrastra con los años: no solo se resienten las piernas, se niegan a seguir, doblándose como árbol quebrado de su tronco. El en camino se ve a personas que no pueden levantar sus cabezas —por ende, sus miradas tampoco—y así caminan solo mirando al pavimento. En su caminar rígido, ellos no pueden ver lo que pasa en su entorno; han perdido la habilidad de contemplar el cielo y su alrededor, lo que es parte del disfrutar de la vida.

Bastones, muletas, sillas andantes…sin embargo, no han podido inventar aquellos que puedan ayudar a caminar con claridad a las gentes que han perdido sus habilidades de valerse por sus propios medios mentalmente. Van por las calles dormidos, llenos de espantos o con miedos, gritando, hablando incoherencias, enojados tal vez con ellos mismos; algunos inofensivos como niños, otros peligrosos como perros rabiosos. Las carreras que produce el estrés continuo, generan un ambiente peligroso y las consecuencias son precoces.

Su padre se regresó—como dijo que lo haría—de la tierra de los sueños a la tierra de su heredad, donde había nacido. A sus setenta y cinco años, trabaja manejando vehículo de motor como en su juventud. En su vida ha tenido muy poco cambio relacionado con la edad, su rutina diaria y—lo que es más importante—su salud. No camina estacado y jamás ha agarrado un bastón para sostenerse al caminar. Cuánta verdad en sus humildes pero sabias observaciones que puso en práctica por encima de las llamadas bonanzas del Sueño Americano.

Sueños interrumpidos: En un rutinario día, comentaba una amiga:

— Estoy muy triste.

—¿Por qué? —le preguntó.

—El novio de mi madre tuvo un derrame cerebral. Él no se veía bien; estaba muy pálido—siguió—, el día anterior al contratiempo él había comentado que se sentía muy débil, confuso y perdido. Al día siguiente estaba en el hospital a punto de morir.

Un derrame cerebral. Resultado: parálisis parcial. Ahora, ¿Qué? Una cama, una silla de rueda, terapia, pastillas—si las puede comprar—una vida degradada en calidad al tener que depender y enfrentar ese futuro incierto y doloroso que le esperaba, si su vida puede salvar.

Un hombre joven a punto de morir, sin poder continuar viviendo ni sintiéndose útil. Todo eso porque ese día, en vez de ir al médico al sentirse mal, se fue a trabajar—no se saben las razones con certeza, pero no es difícil suponer: en el país de los sueños, las prioridades pasan a ser secundarias o ignoradas—. Tampoco se sabe cuáles serían sus sueños, pero el que fuera, se estaba quedando en el camino, a costa de su propia vida, de ese precio tan alto es del que habla siguiendo un sueño y su otra cara. Todo aquello que te lleva al extremo, te permite ver el otro lado, oscuro o claro, y si viviendo dejas de vivir porque el propio bienestar es desplazado a un segundo lugar, con claridad se puede ver que pierde sentido cualquier lucha.

Los medios de comunicaciones: En una especie de anestesia popular, hablan constantemente, resuenan y re-campanean la gloria del Sueño Americano cuando alguien tiene una pequeña o considerable victoria. Pero poco se habla del precio que han pagado por él. Tampoco se dice nada de los miles y millones que no alcanzan sus sueños, tal vez pagando el mismo o mayor precio—con intereses tan altos hasta llegar a la usura y causar el desfalco que arruina sus vidas—generando deudas con ellos mismos y deudores dejados atrás. Y no son siempre deudas de dinero sino también de esos valores y deberes que no se reponen jamás, por más dinero que se adquiera.

Son deudas que pocos pueden pagar. Tienen ecuaciones complicadas que pocos saben resolver, siendo las respuestas muy bien guardadas detrás de la fama y prestigio que ocultan la cara desconocida del Sueño Americano, escondiendo los sueños de tanta gente luchadoras que al final tienen derechos válidos porque no es pecado soñar.

Vivir entre las oportunidades de los sueños y no poderlos alcanzar: Educación, trabajo digno…soñarlo pueden, pero difícil es alcanzarlo. En ocasiones, ni soñar pueden porque no pueden conciliar el sueño al tumbarse entre las preocupaciones que les llevan al desoriento y jamás logran soñar. Suena el teléfono; sientes miedo al contestar porque el cobrador está por llamar. El casero (landlord), toca la puerta; la renta hay que pagar. Las cuentas están vencidas y la luz te pueden cortar. ¿Cuántas horas trabajas al día? No lo sabes con precisión, pero sí sientes que no hay tiempo para descansar; será por eso tanto estrés, cara triste, cabizbaja y sin sonrisa. Gastas tu tiempo vendiendo tu fuerza de trabajo, deteriora tu salud y no consigues una vida digna. Es posible que la realidad esté golpeando a la puerta y no te des cuenta del porqué de su origen.

Viven en desosiego, desorientados porque no se sienten bienvenidos, en la sombra, aunque el sol no esté oculto, con miedo y solos, aunque estén entre multitudes porque no están entre los suyos. Les hacen creer que no son invitados y mucho menos bienvenidos al banquete de los sueños, cuando la realidad es que los anfitriones no pueden funcionar sin sus visitantes. Pretendiendo ellos los contrarios, al igual que los sueños, las intenciones se presentan en sentido figurado; hay que desarrollar una visualización natural de alerta para interpretarlas. Hay que tener un sentido claro de lucha y sobrevivencia, ya que este sueño se interpreta únicamente como bonanzas, oportunidades y logros, pero no es así porque con frecuencia la bonanza se convierte en una vida vacía que te lleva a la miseria en una lucha tediosa sin esperanza ni sonrisas.

Las oportunidades se convierten en saber que están ahí pero no puedes asesar a ellas y los logros quedan en desafío inalcanzable. Te conviertes en recogedor de cosechas maduras y frescas para tu patrón, y aunque tengas hambre no puedes alcanzar una, ni siquiera con esas manos fuertes, diligentes y voluntariosas que hacen crecer las ambiciones de otros, pero no tus propias aspiraciones. Las ilusiones alimentan tus sueños; vives entre ellos sin poder alcanzarlos porque otro lucra con ellos.

Los Interpretados Y Negociados Sueños

En la mesa de la diplomacia—pariente de la hipocresía—los gobernantes se sientan a ponerse de acuerdo y negocian las fuerzas de trabajos de su gente. Tragedia natural: no serán deportados; ni modo, ya están ahí. Les presentan su estadía como una oportunidad, un regalo por así decirlo. Los gobiernos los ven como sus propias oportunidades, sin darse cuenta ellos, para que sigan trabajando a como dé lugar para generar el dinero, reconstruir, llenar hoyos, balancear y recuperar presupuesto y muchos intereses más—de ahí esas negociaciones y acuerdo entre gobiernos para que te puedas quedar, generando ellos su propio bienestar como gobiernos con las llamadas remesas familiares—.

En cierta forma no está mal, pero sí la forma maliciosa como lo hacen, dejando entrever que están haciendo una excepción o, lo que es lo mismo, un favor al dejarlos quedar. Cuando en realidad es lo contrario: los usan a su antojo, porque la gente se cree y se siente sin alternativas como una especie de huérfano patrio. Se le quita lo suyo para acaparar y les roban la oportunidad de quedarse en casa donde viven, tal vez no en la abundancia que buscan, pero sí dignamente rico, con los suyos y entre los suyos. Cuando te atreves a decir cosas, toma sentido el dicho que dice, «*la franqueza es un grave pecado porque hiere los intereses de la gran diplomacia*».

Quiero eso y sueño con eso que tú conseguiste en los Estados Unidos: Los viajeros que regresan a sus países muchas veces tienen la culpa del sobrevaluado Sueño Americano por el mensaje equivocado que llevan al regresar a sus países, propagando mentiras porque nunca dicen la verdadera realidad de lo que viven allí, y muchos menos mencionan sus calamidades y luchas de sobrevivencia. En fin, no son buenos embajadores de la verdadera realidad del Sueño Americano.

Van para su país el próximo año. Aumentan las estrecheces en el afán de ahorrar, se compran un pasaje y una maleta nueva; trabajan extra para comprar ropas nuevas, zapatos, prendas—entre ellas, no puede faltar ese reloj de pulsera—y para tener un poco de efectivo. Pasan dos semanas o un mes, luciendo bien, a veces gastando no solo lo que han ahorrado sino también lo que todavía no tienen. Se divierten gastando y regalando en el fan de ostentar, aunque nunca su virtud haya sido la generosidad. Y al regresar, ¿Qué? Entonces tienen que venir a pagar deudas que han tomado prestado y a vivir lo contrario de todo aquello que han mostrado a la gente, mandando así un mensaje equivocado y hasta dañino del Sueño Americano porque no dicen ni dejan entrever el precio de lo que han disfrutado y ostentado a los demás. Muestran solo el brillo, pero jamás el lodo de las limitaciones, trabajos, sacrificios—entre ellos, noches y días sin dormir—a veces humillaciones de un patrón explotador, y escaseces de todas índoles hasta de lo más esencial, como pasar hambre y andar no tan bien vestidos como llegan a sus países. Eso sin contar las precarias situaciones en las que viven en casa, en los extremos, pasando frío o calor, con temperatura a veces muy fría o muy caliente, estrecheces de espacios obligados a compartir el doble o más de sus capacidades, viviendo entre plagas en condiciones peligrosas a la salud por las deplorables e inhumanas situaciones en las que viven.

Nadie sospecha que muchas veces el tiempo no alcanza ni para comer, por la forma agitada y mecánica que viven en el país de los sueños para poder suscitar. Nada es fácil ni gratis; allí no se regala ni un vaso de agua. De modo que casi siempre proyectan el Sueño Americano en una forma provocadora de la envidia de los demás; por eso sale el lema común de la gente: «*Si tú fuiste, ¿Por qué yo no?*»

Qué buen trabajo tiene: Sueña entre basura en un sótano frio— ni oscuro ni alumbrado—. Cuando abre la ventana, un montón de basura sustituye el paisaje, y las ratas a las gaviotas en el cielo. Al pasar el viento, el mal olor esparce sin darle paso al frescor que el aire brinda. Los famosos súper tienen negado ver la puesta del sol y mucho menos a contemplar la luna llena, porque en el sótano donde vive solo se puede ver un corredor oscuro y un montón de basura. La calidad de vida deteriora en una faena cuesta arriba porque lo que se logra por un lado se pierde por otro. Se lastima la salud viviendo en condiciones extremadamente dañinas, sin tener derecho a disfrutar ni siquiera de la luz del sol que es regalo de todos.

A la casa que construyes—donde no puedes vivir, quizá nunca, porque está allá y tú vives acá—poco le falta; ya la están terminando. Tu hermano vive en ella y tu sobrino la cuida. No puedes irte ahora; el retiro tienes que esperar. Lo triste es que con frecuencia se retiran antes y para siempre inesperadamente, lejos, muy lejos, sumergidos en un gran sueño donde termina toda lucha por cualquier sueño, donde ni siquiera el jardín pueden regar.

No se puede ocupar dos espacios a la misma vez: se está o aquí o allá. Caen en los apegos de la dependencia y no quieren dejar pasar nada. Si tienes tu casa que tanto anhelaste y que sacrificio te costó, ¿Qué estás esperando? Agarra tu sueño y vívelo. Siempre es bueno mirar el calendario y darle un pequeño repaso a los años pasados, mirar en el camino para ver en qué punto de la ruta vas; refrescar la memoria nunca está de más. Repasar la matemática no es solo cosa de niños; en la vida diaria hay que hacerlo y aplicarla cuidadosamente. Los años pasan, la vida humana es relativamente muy corta, hay que vivir y disfrutar los sueños logrados, regalos de luchas y sacrificios son porque mañana puede ser demasiado tarde.

Los nietos que tienes, no puedes disfrutar, porque aquí estás tú y ellos están allá. Por teléfono los escuchas, pero sin saber su mirar. Sus caritas te imaginas, pero sin poder contemplar las sonrisas que te pudieran regalar. Así los años pasan y te conformas al contar cuántos años ya tienen sin poderlos mirar. El tronco es necesario para fortalecer los retoños. La distancia debilita y acaba con todo, rompe los lazos, aunque sean de sangre. A los nietos se les pierde la experiencia de disfrutar la sabiduría de los abuelos, y a los abuelos, la dicha de refrescar sus memorias a través de las sonrisas de sus nietos.

Peleando por un sueño: con frecuencia provoca conflictos y confusiones el tratar de fusionar una cultura con otra. El mangú choca con el *hamburger*, las tortillas con las *french fries*, los gandules con los *green peas*, las arepas con las *donuts,* etc. La mayoría de los jóvenes en las calles de los sueños estadounidenses se preguntan, «*¿Quién soy y de dónde vengo?*» No lo saben. Se sienten perdidos o perdiendo su identidad, viviendo en un mundo de confusión, queriendo hacer y tener cosas, buscando que el Sueño Americano se haga realidad en su vida. Se van perdiendo en una mala interpretación de lo que es un buen futuro. «*Fortunas a como dé lugar*»: es el mensaje que llevan en la mente aquellos que quieren llegar y los que ya están.

Los jóvenes dejan las escuelas al sentirse discriminados en un ambiente hostil. Dicen, «*eso no es lo que quiero; lo que necesito no está en ese lugar*». No es un secreto que les toca luchar sin las armas necesarias para triunfar. En esa lucha desigual, se decepcionan y abandonan, descarriándose por otros caminos. Estos niños adolescentes tienen con frecuencia razones para sentirse confundidos. Son muchos los contrastes con los que tienen que lidiar; entonces, quedan a la deriva y los arrastra la corriente, porque quieren llegar y, sobre todo, tener cosas. "¿Cómo las consigo?" se preguntan.

Hablé con mi amigo y le conté lo que quería y cómo me sentía. Respuesta: «*No hay problema,* brother, *tengo tu solución: yo tengo dinero que me da el poder; te puedo ayudar a conseguirlo tú también*». Pandillas—el nombre de la compañía que me dará la oportunidad de conseguir lo que quiero—. ¿Qué tengo que hacer? Unir fuerza con un grupo para ganar respeto y poder y saber que cualquier cosa tendré que hacer, pues un buen comerciante tiene que ser siempre listo para trabajar, y armas debe usar para apartar aquel que contradiga su forma de actuar y obstruya su forma de llegar.

En busca de las oportunidades de sus sueños, los jóvenes se sienten sin alternativa, y qué triste saber que se toma el camino equivocado. Buscando éxitos con resultados devastadores para ellos y la sociedad en que viven, los niños y jóvenes pasan a ser víctimas o victimarios en una lucha sin una clara victoria, perdiéndose en el camino en busca de sus sueños, quedándose perdidos en un mundo oscuro y sin esperanzas porque en su afán arruinan no solo su vida, sino también la de otros. Dirán, «*este es un mal de cualquier sociedad*». Es cierto, pero las calles turbias del país de los sueños son propicias para estos males y más porque hay que cosechar los sueños, sean verdes o maduros.

Jugando con sus sueños: Con sus alas cortas pero fuertes emprenden su viaje, como aves migratorias buscando un mejor lugar antes de la tormenta, donde las esperanzas sean más verdes y se sientan un mejor aire al respirar. Los campos verdes y fértiles les esperan al llegar, con canastas en manos llenas de esperanzas de un mejor mañana. Pasa el tiempo y sus fuerzas se agostan. Miran el horizonte cada vez más lejos; quieren regresar, pero no pueden. El tiempo pasa y siguen esperando las promesas que un día hicieron porque elecciones había. Admitía es la palabra, migración el diccionario y desilusión en lo esperado.

Ven pasar el tiempo, esperando ese día, esperando muy paciente que sus voces sean escuchadas y que de repente el eco traiga la promesa cumplida de la ley aprobada. Pero promesa es olvidada, caída en el vacío—qué abismo más profundo para un ser desesperado—. A estos soñadores nadie dirige la mirada a pesar de saber que están ahí porque las puertas propias han tocado. Los años pasan, llevándose las esperanzas junto con los sueños, y las fuerzas se agostan desvaneciéndose en el tiempo. Porque al jugar con los sueños nadie se pone sus botas, ni tampoco en el asiento que no es en el senado.

Como si jugando estuvieran con los sueños anhelados, el eco en el vacío resuena sin ser escuchado, como el horizonte lejano que esconde un nuevo día, perdiéndose las esperanzas de un mejor mañana. Esperando como niños, dejan sus juguetes, quedando entretenidos entre promesas viejas y nuevas.

Sueños canjeados que importan profesionales: Si eres profesional, tú también te puedes quedar para ver las oportunidades que allí puedes encontrar. Tu visa ya tienes porque pudiste probar que el ingreso que tienes. Tu estadía puedes pagar, y no importa si te quieres quedar. Quieres pasar una estadía allí porque te han dicho que un día mejor puede estar. Porque aquí se cobra mensual, y allá semanal, y el sueño que tienes será más fácil de lograr. El amigo que tienes, lo viste llegar mejor, con su reloj de pulsera; hasta un carro quiere comprar. Te asaltan las dudas porque el trabajo que tienes no lo quieres dejar, pero la visa que conseguiste quisieras aprovechar.

Le dice el oficial:

—Solo treinta días puede pasear; si se vence la visa, queda usted ilegal.

—Compadre, ¿Qué hago? No quisiera regresar porque la motoneta que tengo, la quisiera cambiar.

—En mi casa, si quiere, usted se puede quedar, lo único que tiene es la renta que pagar. Como cobrará semanal, creo que puede pagar la renta cada mes. En el mercado donde trabajo, allí lo pueden emplear, cargando usted las cajas que ya yo no puedo levantar.

—Pero si yo soy ingeniero. Vergüenza me va a dar, cuando un plano en pocas horas puedo dibujar. Mi amigo abogado que pasó, lo vi en su carro. Nunca me dijo a mí que eso podía pasar, que su escritorio dejó para venir a taxiar.

Atrapado se siente y no puede regresar, porque su trabajo y asiento otro los supo ocupar. Está pasando el tiempo, y su sueño, ¿Dónde está? marcado con su desdén de no poder soportar la angustia con la que sueña algún día regresar. Su hija, siete años tenía cuando él decidió volar y ahora presiente que ya no tendrá su mirar porque ha crecido mujer y él ya no puede recordar sus sonrisas. Ajeno se siente ya en el seno del hogar, porque el tiempo secó raíces que ya no pueden profundizar. Tu sueño pudiste lograr, tu carro también comprar, pero el precio que pagaste no se puede calcular. Contar puedes los dólares, pero no tus lágrimas y nostalgias. Tampoco borrar puedes las huellas que llevas marcadas dentro de las fibras de tu cuerpo y, como lienzo trasparente, reflejadas en tus ojos.

Sueños ahogados:

—¿Dónde está Rafael? —pregunta la madre— tengo días que no lo veo. ¿Dónde pudiera estar?

Pasan semanas y suenan los rumores. No se le puede decir nada. Rafael había cogido una barca en busca de lo soñado desde hacía mucho tiempo. Anuncio en la noticia: una barca naufragó y a su destino nunca llegó. La madre, con temor, no se atreve a preguntar si su hijo llegó o si lo tiene que esperar. Esperando se quedó y su hijo nunca llegó; a ningún sobreviviente pudieron encontrar.

Ella se fue; un día las esperanzas la llevaron a oír la voz que nunca pudo olvidar: «*Mamá estoy aquí yo; pude nadar hacia la orilla lejana y tierra pude encontrar*». Pasaron los años y ella llevó ese vacío, siempre esperando al hijo que nunca volvió, hasta que un día la muerte de pronto la sorprendió. Pero la madre allá en el cielo la sorpresa se llevó, cuando su hijo le dio la bienvenida. Se contaron muchas cosas, entre ellas: «*Yo quisiera que allá sepan que es mejor esperar porque en el mar no hay huellas por donde poder regresar*».

Caminos de llegadas: Los pequeños titanes en América buscando América. Sus historias son irrelevantes, quizás porque no tienen espacios para la *high class*, la primera clase. Sus tragedias no quedan registradas en la historia como eventos importantes sino como algo común que pasa con frecuencia, cuando irónicamente es ahí donde radica su importancia: la frecuencia de estas tragedias. A diarios ocurren; no necesitan pasar décadas ni centenario para que se repita la historia en el camino de llegada.

Preparada está la yola. No conoce el puerto tampoco el capitán; no sabes cuántos van, pero reservas un asiento. Se adentran al mar y muy inseguro te sientes porque no sabes nadar. Dicen que es seguro; llevan dos motores y gasolinas de reserva. Las olas parecen hablar en sus rugidos enojados, el camino se hace largo, y el sol se siente más cerca. Irónicamente, se te apodera la sed en medio de un mar de agua que no deja huellas; no podrás desandar camino atrás.

Mar profundo, ríos grandes, ríos pequeños—no importa si sabes nadar o no; inflando está el neumático que te llevará a buscar el Sueño Americano. No importa que la corriente no te quiera dejar pasar porque preparado con tu salvavidas estás para echarte a nadar, si la corriente de terca no te quiere dejar pasar.

El desierto tendrás que andar, por eso agua tienes que llevar para poder calmar tu sed, aunque sea antes de llegar. Tu valija tienes que dejar porque con ella no puedes cargar—liviano tiene que andar, por si tienes que galopar. Ya nada llevas contigo, solo tus sueños escondidos y la esperanza de no encontrar a la migra en el camino—. Porque de regreso no quieres estar antes de poder llegar al suelo de las esperanzas donde muchos quieren llegar.

¡Qué pena! Su amigo llegó, pero él no pudo escapar del oficial que sin pena le hizo regresar. Pero gracias de estar ahí porque Ramón no llegó, perdido tiene que estar y sin poder encontrar el camino de regreso, ni el de poder llegar. Dormido tiene que estar y sin tener ya noción de cuán lejos el horizonte pudiera estar. Con su cuerpo desvalido, ya no puede coordinar sus ideas y pensamientos; con sus piernas débiles, ya no puede caminar. Con el paladar reseco, su corazón presiente que el desierto lo secará. Con sus ojos nublados, ya no puede ni mirar la serpiente que él sabe no puede pisar porque su muerte aceleraría con dolor más que con sed.

La barca que construyen tiene que estar escondida, porque si la descubren, muy lejos no podrán llegar. En ella tiene que ir la familia, el tío Tito, y el amigo que prometió que iba a ayudar a remar. Calmada está la mar, pero hambrientos los tiburones; a Santa Bárbara le piden los soñadores tierra poder pisar.

De pronto son perseguidos a una gran velocidad; no sé por qué tantas prisas porque remar ya no pueden más. Rodeados se encuentran—como si las bienvenidas fueran a recibir—pero de repente, las voces: «*No se muevan; quédense donde están*». Como ejecutivos escoltados, les hacen dar la vuelta, alejándolos del destino que ya creían alcanzar: la libertad soñada en país bendito donde creen poder alcanzar todo lo soñado y borrar todo lo ya vivido para convertirlo en página blanca para poder recomenzar.

No menos arriesgados son aquellos que vienen de otros orientes y nortes en largos "voyages" por aire, mares, y tierras, atravesando fronteras que les toman meses y semanas en sus largas travesías.

Inocencia vendida para despejar caminos y lograr objetivos: Todo lugar tiene diferentes rutas de llegada—norte, sur, etc.—pero este camino tiene rutas inconcebibles. Ejemplo: padres que venden a sus criaturas en desesperados empeños en busca del Sueño Americano. La belleza de la juventud, coronada con la inocencia, son antorchas que iluminan caminos en terrenos escabrosos, despertando la ansiedad de aquellos inescrupulosos. Sin un centavo en el bolsillo, pero con una doncella de la mano que entregó y vendió con el mayor de los descaros, en pago para lograr que se abran puertas para pasar hacia la meta del bienestar, según ellos. Atropellos vergonzosos y dolorosas realidades: padres que usan a sus hijos como pasaporte, vendiendo sus inocencias, destruyendo para siempre sus estimas personales, sumergiéndolos en el mundo del dolor y los resentimientos. Son entregados inescrupulosamente en pagos para cruzar fronteras, caminar libre y poder llegar a la tierra de los sueños. La mente se queda en blanco y las palabras se escarcean ante tan dura y cruel realidad; los detalles son deprimentes. Son mejores las historias cortas porque las versiones largas son dañinas—cuando los sacrificios llegan a sacrificar a otro, es un crimen de alto grado—.

Inteligentes son; no se lo puede negar porque hasta el idioma que hablan lo tienen que inventar. Chistoso es el modo que tienen de hablar. «*Mañana tiene un appointment. Porque el ceiling se cayó el landlord hay que llamar. Hay que pagar los billes. En el basement vive, pero quiere mudarse al second floor. Mañana es su happy birthday; un party hay que organizar. La señora de la bakery tiene su buisness en la casa. Ese coat es muy lindo, pero too expensive para poderlo comprar. El vestido is so pretty; a ella le gusta el color pink. Él viaja en el subway para ir a trabajar. Los especiales ahorran more money. I can't believe lo que dijo de ella. Su boyfriend quiere casarse. I'm so tired para ir a trabajar. Quisiera ir al party, pero estoy muy busy today. Manejaba rápido en el highway le pusieron un ticket. She has to go; va a llegar tarde. You are late; vuelve otro día. El bill de la renta hay que pagar. Go rápido. Hay que hacer laundry mañana. El lunche está en la mesa. Es un día beautiful. La teacher de mi hijo no está, en el weekend no trabaja; maybe vengo mañana a preguntarle*».

Es chistoso la forma en que ocurre la transición de un idioma a otro. Hasta normal se escucha su manera de expresar la mezcla de palabras, de adoptar una forma de lenguaje para comunicarse en una lengua que no es la suya. Es curioso este fenómeno de grande y chico: de niño, tratando de dominar dos idiomas, y de grande, incorporando uno a otro. Dentro de todo es bonito, como la mezcla de los colores del arco iris.

Tal como aquel niño que corre para primero llegar a los pies de Santa Claus, donde juguetes va a dar. Pero a sus años, ya no son niños y tienen que esperar de pie. Muy alertos tienen que estar para ver si es migración o es el patrón que en su casa pensó: «*Qué cansado estoy hoy. No quiero ejercitarme y necesito cortar el césped, que ya muy alto creció, y el carro quiero lavar porque a mano brilla mejor*». Es una gran suerte si te escogen, porque entre toda la gente, el mismo sueño ronda a la vez. La señora del ricachón necesita limpiar el sótano, que está viejo y ella lo quiere renovar; por su deseo podrás el hoy trabajar.

Es frustrante ver escoger a uno y a otro dejar; mañana regresará quizá con mejor suerte. ¿Cuánto te van a pagar? No te atreves a preguntar por miedo a que te nieguen la oportunidad de trabajar. Cuando termines, sabrás lo que por tu trabajo tendrás; si no te gusta te vas y aquí no vuelves más. Cabizbajo caminas y te quedas pensando si mañana de nuevo tendrás que disputarte el primer puesto. Con tus manos vacías y encogidas—no consigues llenarlas con un trabajo digno, lo único que andas buscando—vergüenza tienes ya por no poder decir «*basta*» a tantas injusticias que hieren la humildad. Esperando la cenicienta que algún día la prepotencia se doblegue con el poder mágico de la sencillez. Estos desdenes hay que verlos, hay que vivirlos, porque si lo cuentas, parecen mentiras. Es parte de la pesadilla: hoy consigues trabajo; mañana, ¿Quién sabe? Con esa inseguridad, ¿Cómo esperar el mañana y qué promesa hacerles a tus hijos al regreso a casa?

Es ilegal dar trabajo a un ilegal; es lo que dice la ley. Pero es legal, justo y hasta una obligación el buscar una mejor vida; es lo que predica la fama, envoltura con que se vende y se compra este sueño. Es como un fuego ardiente y peligroso; aun así, tienes que hacer uso de él porque a la vez es útil. Ellos se convierten en la brasa ardiente en la mano: no quieres tirarla porque se apagaría, pero si la dejas en tus manos, te quema. Entonces la tiras, de una mano a otra hasta que la puedas aguantar. Al final la tiras sin opción porque si no, lacerarías las manos. Así los consideran a ellos: útiles, pero a la vez molestan.

Sin tiempo para soñar: En rutinas, todos los días, trabajas. En el fin de semana "weekend" puede que estés libre, pero igual tienes que trabajar: la casa hay que limpiar. Las rutinas te comienzan a cansar. Dice tu pareja: «*¿Cuándo nos vamos a ver?*» De noche trabaja él y tú de día. Preguntan los niños: «*¿Cuándo salimos a comer la pizza que prometió mi padre ayer cuando salió?*» Al salón quiere ir, pero el mercado tiene que hacer. Los calcetines están sucios; te falta tiempo para lavar. Cuando llegas de trabajar también tienes que cocinar, y para comer te falta tiempo porque al bebé tienes que atender.

La comadre visitarte quiere; no sabes cómo irá porque de llegada está y no será un placer. El marido se levanta y no sabe qué hacer, porque a los niños también tiene que atender. No sabes cuándo el tiempo pasa; solo sientes que va muy rápido y al mundo de los sueños hace tiempo que no viajas. No consigues el equilibrio que lleva al control para que logres un poco de paz y, sin ella, es imposible ser feliz. Entonces la vida pierde todo sentido; no importa cuánto tengas ni dónde vayas.

Es común en la gente estar entre multitudes y sentirse muy solo, tener tantas cosas y estar muy vacío, estar sobreviviendo y lejos de estar viviendo; no hay tiempo para apreciar. ¿Qué pieza del crucigrama no encaja? Sientes soledad sin estar solo, estás vacío teniendo abundancias, sobrevives teniendo en plenitud. ¿Qué te cohíbe que no te deja disfrutar lo que tienes a tu alcance o apreciar lo que tienes alrededor? Vas por el camino de las demandas sin la oferta que no te deja tiempo para vivir.

Las calles del país de los sueños son largas y sus peajes muy caros; comúnmente esto consume la reserva de las esperanzas de una cansada vida. Una buena visión de la vida debe ser vivir siempre con calidad—no importa dónde lo que haga—, aunque esto puede tener diferente significado dependiendo de la persona, lo que espera y busca de la vida. Pero a pesar de todo, hay cosas básicas para obtener calidad de vida. No se debe depender solamente de las cantidades y las cosas que tengas; hay otros componentes esenciales para obtener la fórmula, así sea cortar una flor silvestre cada mañana aunque no tengas un jardín. Lo importante es que te levantes cada día y sientas que estás viviendo, que mires donde vas en el camino, y que cuando te arrope un árbol, descanses bajo su sombrío. Es el secreto.

Esto se torna difícil en la tierra de los sueños porque hay que hacer lo que sea; la elección no es una opción. Si por lo menos los sueños lograran estar en armonía con algunos principios básicos, sería diferente. Podrían dar mucho más a ti y a los tuyos; la felicidad entraría sin tocar a la puerta, sin preguntar quién es y cuánto tiene. Es importante que lo que eres sea tu fortuna, la casa donde vives sea tu hogar más que un lugar de refugio, la tierra donde resides no sea un país sino tu patria—la gente tus amigos y no grupos separados por colores y lugar de origen—, donde no te sientas acorralado, desorientado, ahogándote como pez de agua dulce en aguas saladas, buscando oxígeno para no asfixiarse en un ambiente hostil.

Es bueno ser libre, volar, aunque no tengas alas y soñar, aunque no tengas cama, saltar, aunque cortos tengas los pies, cantar, aunque las melodías no entonen bien y contemplar, aunque las estrellas se escondan. Dar gracias por cada día porque es un reto el mañana. Saber y apreciar que es una bendición que el sol caliente cada día y que las aromas que el viento roba a las flores las comparte con todos, a través de sus viajes libres y calmados. Libre en aquel lugar donde antes de llover puedas ver las nubes anunciando, y de ellas caer, las primeras y últimas gotas, sentir el danzar del viento cuando alegre al llegar, brinda su frescura susurrando al pasar. Poder observar los pájaros que de repente posan en el portar, y con su revolotear te dicen lo hermoso de ser libre, y las mariposas que al probar los néctares de las flores te recuerdan las dulces variedades y la simpleza de la vida.

Porque tú—criatura que fuiste creada menos que los ángeles, pero con la capacidad de producir dioses—no puedes escapar de las trampas advertidas ni en tu inteligencia percibir el abismo que te puede acorralar y convertirte en prisionero.

Cosas que se quieren olvidar: curiosamente, a algunos les gusta soñar; a otros, no, porque sus sueños se convierten en pesadillas. Estos prefieren no soñar, y si lo hacen, quieren olvidar. Pero es importante soñar porque por sus huellas regresas al pasado y te proyectas al futuro en esos viajes maravillosos de la imaginación que llevan y traen los recuerdos vividos, no importa si traen las espinas o los pétalos, pues los dos son parte de la rosa; la vida es así, solo hay que aprender cómo tomarla y sentirás su belleza.

Perdido estás en el pasillo de los recuerdos, esperando que alguien venga a preguntarte en qué andas o qué buscas. De repente, alguien se acerca; brillan sus ojos al no poder decir lo que por dentro lleva. Un lenguaje oyes; no puedes entender y con la mirada sigues hasta donde puedes ver. Pero al mirar, ves atrás un ángel muy cerca, señalándote el camino, pero de las manos, entendiendo que a veces se mira lejos y se pierde de vista lo que tan cerca tiene.

Sentado en necesidad en un lugar muy estrecho, se oye una voz precipitada. «*¿Dónde está? No veo*». Tiene cinco minutos y van siete. Se apresuró a salir; su regaño se llevó frente a todas las miradas mientras le gritaba: «*Aquí se viene a trabajar, no hacer necesidades*». Su cabeza agachaba, solo oía mientras escuchaba. Viendo estas escenas, cualquiera se pregunta si está en el lugar correcto porque en la historia estudió que no existían los esclavos, al menos en el país de las oportunidades y libertades. ¿Dónde ocurrió este episodio?

Mal se sintió. Al hospital fue a parar, con el rostro reflejando la razón del porqué estaba allí. Oye que lo están llamando, pero su nombre no se menciona; con desespero en el pasillo espera. No quiere recordar la frase que repetía la enfermera que le reconoció: «*you have to wait*», tiene que esperar. Por fin llaman su nombre y una mano señala la puerta; se abre para que pueda entrar y consultar al fin al doctor.

No sabe cuántas horas esperó para ver al doctor, cómodamente sentado allí en su sillón. No sabe si alegre está el doctor, pero sarcástico mira y pregunta:

—No English?

—No—contesta, y al mismo tiempo el doctor se levanta y sale fuera. Regresa y entre pocas preguntas una receta escribe. Pero el malestar sigue ahí varias semanas después, con seguridad porque el doctor no se enteró cuál era la dolencia, pues poco le importó saber su procedencia. Van caminando a ciegas, en sendero no claro, en calles resbaladizas y horizontes nublados que hacen lento y peligroso el camino.

Sin entender, tratando de imaginar. Por teléfono llaman; no sabes cómo decir que no vuelvan a llamar porque en casa él no está. Muy curiosa, escuchando, solo dices, *«yes, yes»*, mal creído y convencido el mensaje que él dejó para luego mandar por correo la oferta que aceptaste. Ahora un seguro tienes que pagar: veinticinco dólares al mes porque dijiste sí a la oferta que recibiste.

Sentada te encuentro en la oficina principal, leyendo sin saber lo que tienes que firmar. Una x te dirige; solo tienes que firmar. Luego te enteras de lo que tienes que pagar y del derecho que perdiste—sin saberlo—al firmar tu nombre en aquel papel. No sabes dónde pones los pies, las manos tampoco, dentro del desconocimiento y desinformación que te convierten en presa fácil para ser engañado. Caminas a ciega, guiada solo por el tacto y las esperanzas de no ser depredada.

Las historias de los sonámbulos parecen fantasías sacadas de hechos reales. Dicen que se levantan dormidos y hacen cosas que no saben ni tampoco recuerdan, actuando fuera de control, fuera de conciencia, pero soñando. ¿De qué sirve hacer o vivir cosas que no se disfrutan a plenitud, llevar una vida quizás con todo aquello soñado—casa, carro, dinero, poder y hasta fama—menos con la felicidad deseada? Cuando se le ponen nombre, lugar y tiempo a la felicidad, esta se escapa, dejando solo el vacío que no logras llenar por más que quieras y tengas; es ahí donde las grandes ilusiones se rompen, quedando solo la infelicidad.

En vez de estar feliz por los logros de los sueños perseguidos, descubren estar vacíos, viviendo el resultado de los sonámbulos, que de nada les sirve soñar porque sus sueños son vacíos y sin recuerdo. No pueden recordar sus experiencias, al igual de aquellos que no pueden disfrutar de sus logros y fortunas porque al mirar atrás lo que era ya no es, lo cual provoca grandes ansiedades y decepciones por los profundos vacíos que se llevan dentro.

Muchos sueñan con regresar al lugar que los vio nacer; otros darían todo por recuperar lo que un día pagaron por este sueño. Algunos logran su regreso como un deseo parido de la nostalgia, buscando lo que un día dejaron, pero muchos se quedan rezagados, porque ya es demasiado largo el camino para volver atrás. En cuanto a recuperar lo dejado, lo vendido, lo negociado o lo canjeado, puede ser tarde para echar el negocio atrás. Los intereses ya se han multiplicado; el tiempo pasa y cobra los cargos con usura sin perdonar nada.

En la espera de un poco más, gastan el capital más importante— el tiempo—creyendo que siempre va a estar a su favor; no se está listo, a veces enfermos, conexiones familiares, dependiente de un estilo de vida, tal vez lo que se dejó atrás ya no está o no es igual, quizás te da lo mismo porque ya nada les importa al sentirse quebrados de los suyos con aquella rotura que no pueden remendar, porque aquellos intereses de las deudas consigo mismo que son muy difíciles de pagar.

Es importante nunca olvidar los años, porque cuando pasan, no regresan, y se pierden las fuerzas necesarias para desandar los pasos. Entonces, con triste pesar, miran hacia atrás solo para alcanzar a ver un lejano horizonte que lentamente va desapareciendo al descender el sol. Saben que otro atardecer aparecerá quizás sin sospechar que ya no estarán para contemplarlo. Vivir y morir soñando, en cama ajena porque en la tuya nunca pudiste volver a recostarte. Regresar cuando ya no puedes ver la luna que de noche alumbra, ni el cálido sol que calienta en el amanecer, porque un largo sueño ya has emprendido, la vida se ha ido y con ella las quimeras.

La intención no es negar la existencia del Sueño Americano; mucha gente lo logra y por ende no se conoce el otro lado del mismo. Tampoco se quiere decir que todos aquellos que lo han logrado, no hayan pagado un alto precio por este afamado sueño. Las experiencias a través de los años han escrito la historia del Sueño Americano, sus páginas están plagadas del sufrir de la gente que va atacada en el fango, no de lodo, sino de las agobiantes adversidades que le toca vivir, perdiendo el sentido de la misma vida en el trayecto.

Dirán, «pero así es la vida en cualquier lugar: luchas y desafíos a librar cada día y eso es parte de la vida». Sí, las adversidades son parte de la vida misma, pero no el objetivo primordial, de por si la vida es hermosa, si se pierde el rumbo, se pierde el sentido de ella, como, por ejemplo, la gracia de sonreír o tener motivos para ello. Es importante no olvidar nunca que cuentas como persona, teniendo en cuenta que la felicidad es esquiva y difícil de interpretar. Esta puede ser diferente para cada quien, dependiendo de lo que se quiera en la vida, pero eso no implica ignorar o perder las razones básicas que llevan a mantener la felicidad o al menos la tranquilidad. Hay cosas en la vida que no pueden ser cambiadas por nada; una vez las dejas, jamás puedes recuperarlas de nuevo.

Esto le recuerda un artículo que leyó en una ocasión y le llamó mucho a la atención por su veracidad. El artículo comenzaba preguntando, «*¿por qué tantas caras tristes en las calles de New York?*», denunciando tal vez un problema social al que no se le da importancia, pero que puede detonar cualquier conflicto lamentable. La tristeza es el escenario del descontento y las frustraciones que lleva al deterioro mental de la gente—lentamente, generando como resultado violencias en cualquier tiempo o nivel—que tal vez lo tiene todo, pero le falta lo primordial, quizá una buena razón para sonreír y apreciar lo hermoso de la vida, legados que tienen tendencias a desaparecer en la realidad de este sueño.

Ejemplo: en una ocasión ella hablaba con una conocida amiga procedente de Albania, una joven de buena presencia, "bonita" como se dice comúnmente, pero que lucía tan triste como si el dolor estuviera marchitando su belleza. Se dio cuenta de la razón de su tristeza, reflejada en sus ojos, a través de una simple conversación sobre las diferentes razones que tiene la gente para emigrar a los Estados Unidos. Ella se atrevió a preguntarle a su amiga qué pensaba del Sueño Americano. Ella la miró, hizo silencio, como rebuscando en sus recuerdos y sus razones por las cuales había emigrado. Su respuesta fue sorprendente, tal vez por la sinceridad que tuvo con ella misma al contestar:

—Uno viene aquí a buscarlo todo y se encuentra con nada.

«*We come here to look for everything and we get nothing*». Luego, agregó:

—En mi país solo trabajaba mi padre y teníamos todos; yo no tenía cuenta de banco y era muy feliz.

Era muy feliz y lo tenía todo: palabras poderosas y de gran significado. Aquí está el sentido, la explicación de lo tan difícil de explicar. La familia no tenía fortunas y lo tenía todo porque era feliz con lo que tenía, entonces, ¿Por qué habían cambiado su felicidad por un poco más? Ella misma expresó que no había encontrado nada de lo que había ido a buscar. Una historia común, reescrita sobre tantas otras similares con consecuencias muy altas: era feliz y ya no lo era más; lo tenía todo, pero quería un poco más, «*please*». Qué decepción, como el jugador que apuesta todo lo que tiene buscando ganar una fortuna y de pronto se da cuenta que lo ha perdido todo. El Sueño Americano: qué traicionero y engañoso puede llegar a ser, escondido tras unas expectativas de fortunas y bienestar que llevan a las frustraciones.

Cambiando la oficina por el pasillo y la pluma por la escoba: Las falaces fortunas que llevan a renunciar a todo cuanto tienes y eres por ellas. Le trae a la memoria una pareja de Sur América, muy joven, que emigró tras esas fortunas. Tenían dos hijos: uno nacido en su país y otro en los Estados Unidos. Estaban sin sus papeles en orden—así lo dice porque no le gusta llamarlo como comúnmente le llaman todos: «*ilegales*»—. Es ilegítimo que después de haber nacido en este planeta sea ilegal vivir en él o pasearte por el mismo, como lo hacen algunos privilegiados, tal vez si poner algunos papeles en orden por cuestión de identidad para caminar en él. Bien, pero ese no es el tema que se quiere exponer aquí en esta historia de cambiar la oficina por el pasillo, la pluma por la escoba.

Esta pareja la conoció en una escuela pública donde ella hacía trabajo comunitario, ayudando a los padres cuando tenían algún problema con sus hijos, orientándoles dónde tenían que ir o qué hacer en determinado caso. La señora en este caso era una madre que andaba perdida en los pasillos de la escuela, sin saber dónde ir y a quién preguntarle. Se notaba desorientada y preocupada por un problema que tenía con su hijo. Había descubierto que su hijo tenía marcas de golpes en su cuerpo ocasionado por otro niño que lo estaba maltratando físicamente; estos casos con frecuencia son más graves y peligrosos de lo que parece. De inmediato, ella acompañó a la señora a la oficina principal, donde las autoridades correspondientes le ayudaron con el problema. La primera parte: identificar al agresor para proteger el niño.

Como resultado de ese encuentro, pasó a ser miembro del grupo voluntario en la escuela y fueron conociéndose un poco más. En una ocasión, la señora le comentó la que su esposo vendía helados en la calle y que ella lo ayudaba. Hasta ahí, no hay nada de extraño; son trabajos comunes que hacen las gentes en la búsqueda de su sueño. Un día se apareció a la oficina, muy triste y llorando. Comentó el motivo de su tristeza: su madre se estaba muriendo de cáncer terminal. Pero su angustia mayor era que tenía tantos años sin verla y se había apoderado de ella el temor de no volver a verla nunca más; se estaba muriendo su madre y no podía ir a verla porque no tenía sus papeles en orden. Ella no sabía cómo consolarla ni qué palabras decirle; en ese momento todas sus experiencias como orientadora le fallaron ante la impotencia de su dolor.

El abogado que trabajaba con sus papeles de emigración le aconsejó que no saliera del país, porque no le garantizaba que pudiera volver a entrar al país. Decisión: no viajó. Murió su madre sin poder verla después de una larga década. Semanas más tarde, entró a la oficina con la triste noticia que su madre había muerto. He aquí la pregunta: ¿Por qué es tan alto el precio a pagar por el Sueño Americano? ¿Valdrá la pena tanto dolor, renuncias y pérdidas irreparables que conllevan a tanto vacío por el resto de la vida?

Fue sorprendente, cuando un día por casualidad ella se enteró que el esposo de la señora había sido abogado en su país de origen. Esto ocurrió a raíz de una conversación donde él se quejaba de las violaciones de sus derechos como padre en la escuela de su hijo durante caso anterior comentado. Dijo, «*Se creen que porque uno no sabe inglés es un ignorante, yo en mi país soy abogado*». Ella se despidió de sus amigos sin más comentario, pero sí le llamó la atención el enterarse del estatus social de la pareja de su amiga. Él era un profesional—abogado en su país—y estaba vendiendo helados en las calles del país de los sueños. Era su realidad, pero esto no dejó de impactarle a ella al seguir conociendo más del contraste de la vida de sus amigos.

Por casualidad, en una mañana, muy temprano, caminaba de prisa, para no llegar tarde a una cita médica. De pronto, vio a una mujer empujando un carro de esos que se usan en los supermercados para hacer compra grande. El carro no se veía—solo sus ruedas—.

No se podía precisar cuántas bolsas de echar basura llevaba colgando, llenas de latas y botellas. Tampoco se sabía cómo la mujer podía empujarlo; al caminar, tenía que doblar las piernas y agacharse buscando las fuerzas que obviamente le faltaban para empujar.

Sin poner mucha atención, ella siguió caminando porque esas cosas—por ejemplo, personas buscando qué comer en el bote de basura—no son raras en el país de las oportunidades. Pero al pasar por el lado de la mujer y verla de cerca, reconoció a la señora, su amiga, la esposa del abogado—aquella conocida amiga que había perdido a su madre después de tanto tiempo sin verla, sin poder ir a despedirla en su lecho de muerte—. Ambas se miraron, pretendiendo no conocerse. La señora bajó su cabeza y siguió empujando su carro; ella apuró el paso simulando que no la conocía para que no se sintiera peor.

Dirán, «*Pero, ¿Qué tiene de importante esa historia? Si recoger latas y botellas lo hacen muchas gentes y sobreviven al convertirse en su fuente de ingreso, además todos trabajos honrados dignifica*». Es cierto, pero no encajan las piezas en el rompecabezas cuando se cambia la oficina por el pasillo y la pluma por la escoba. Él, un abogado, vendiendo helados en las calles, y ella, profesora, recogiendo latas y botellas en las calles y zafacones de basuras, muy de mañana probablemente para no ser vista.

Estos son algunos de los precios a pagar, porque estas clases de sacrificios son muy comunes en la búsqueda del Sueño Americano. Renuncias a una vida de calidad, tal vez con menos dineros, pero sí donde puedes ser lo que eres, con lo tuyo y en lo tuyo. Te arriesgas, poniéndole precio al dolor de saber que un ser querido se va sin regreso y no le puede dar el último adiós, después de tantos años sin verlo. Dejando y renunciando a todo ¿Por qué? Por una vida degradada en calidad en todos los aspectos básicos de un ser humano porque con frecuencia no se valora lo que se tiene y esto lleva a dejar o menospreciar lo que se tiene por un poco más.

La manzana: muy roja, jugosa, y dulce. Así se imagina al oír su nombre o pensar en ella. Pero lo que muchos no saben es que también hay manzanas verdes, amarillas y hasta con matices rosas.

También las hay agrias, dulces y agridulces, como grandes, medianas y pequeñas. La gran manzana—*The Big Apple*—no es siempre dulce y grande y mucho menos jugosa como es común imaginarla. No siempre se percibe su rico olor y tampoco su color, porque no todas huelen y lucen igual. No importa how big it looks, no importa how sweet it tastes, pocos pueden saborear sus exquisitas y crujientes mordidas.

Comúnmente la gente se pregunta por qué hay tanta pobreza en uno de los países más ricos del mundo. Usualmente, cuando se habla de pobrezas, se piensa en cualquier lugar o país menos en los Estados Unidos. Es inconcebible en la mente de cualquier pensante que se pueda tener escasez en medio de tanta abundancia, que se pueda tener sed en medio de un mar de agua. Es algo que muchos se preguntan y lo hacen con frecuencia a personas competentes al tema que nunca tienen una respuesta convincente; es una de esas preguntas complejas que no es fácil contestar porque es vergonzoso que algunos vivan en las miserias en medio de las abundancias. ¿Cómo es posible explicar que haya tantas tierras sin irrigar donde hay tantas aguas?

Es parte de la realidad que muestra claramente que no todos tienen derecho a morder la manzana y a tomar del vino, aunque esté en el viñal. Adrede o no, se van formando esos llamados desamparados y dependientes de la caridad pública, que los atrapa en un círculo sin salida, en una pobreza cubierta por la fama de fortunas y generadas por las exigencias de la misma.

Las indigencias corren en las suaves corrientes que se desplazan del manantial de las falsas expectativas entre la gente; estas corrientes poco a poco van drenando el terreno hasta convertirlo en un gran problema, un fango movedizo, si pisas sabiendo o sin saber, te hunde. Si puedes coger el puente, puedes cruzar. Si no, quedas atrapado en el fango y bejucos entretejidos en la superficie, igual que el sistema te arrastra a ese mundo de pobrezas sin que te des cuenta. Por eso, al buscar el Sueño Americano tienes que estar bien despierto para no caer en el fango y quedar atrapado entre lodos movedizos y bejucos entretejidos, similares a las discriminaciones y desigualdades que llevan a las grandes injusticias, en un sistema complicado y traicionero para los menos afortunados.

Ha habido y habrá siempre pobres en este mundo; hasta Jesús lo dijo. Es cierto que hay gente que escoge vivir mediocremente—se conforman, no luchan—pero aquí se está hablando de aquellos que caminan hasta el cansancio toda su vida y todavía no pueden acercarse y mucho menos cruzar el puente de llegada al Sueño Americano. Sin alternativa, tienen que tirarse al fango para cruzar, con la esperanza de que tan solo les quede la nariz fuera para poder respirar. A veces ni eso logran y sucumben asfixiado al tocar fondo.

Las disculpas siempre se hacen; no importa si uno está arrepentido o lleno de hipocresías. Es para pensar juiciosamente la forma cómo esa sociedad vende la versión de la verdad, exigiendo honestidad, sin tolerancia a la mentira porque serás castigado. Si dices «*no*», tienes que explicar por qué cambiaste la *i* por la *o*, pero impunemente otros pueden hacerlo, como si la mentira tuviera diferente significado dependiendo de quien la diga. En los diferentes rangos y categorías mienten y, cuando se descuidan y son descubiertos, solo tienen que disculparse públicamente diciendo: «*I'm sorry*». Es suficiente; olvidado el asunto. En ocasiones, esta expresión es forzada a decir en público para calmar a los ofendidos, pero sin ningún vestigio de arrepentimientos.

¿Si el dueño de una compañía gigantesca hace un fraude y es hallado culpable? Seis meses de trabajo comunitario o arresto domiciliario en su casa, barriendo el patio o cortando el césped. «*Sorry*» y es mucho. Pero, ay de aquel jornalero trabajador que ponga un depende de más, aunque sea por error o desconocimiento, o para amortiguar el escape de lo poco que recibe por su trabajo en su afán por estirar el presupuesto, llevado por la desesperación de retener unos dólares más para sobrevivir "desvergonzado".

Sin caer en la justificación de ninguna manera, la ley es cumplimiento y es deber de todos el cumplirla. La observación viene porque cuando lo hacen los más afortunados para lograr más, solo tienen que pagar una pequeña multa, pagada con el mismo defalco acumulado y algún arresto domiciliar que en todo caso les sirve de un buen descanso vacacional y para maquinar su próxima idea. Una auditoria con amenaza de cárcel o devolver cada centavo para lo que solo tienen eso centavos. Haciendo un contraste tan grande entre uno y otro, que la injusticia enseña su cara desvergonzadamente, aunque la impunidad no es solo herencia en la tierra de los sueños.

¿Qué tiene que ver esto con el frustrado Sueño Americano? Recuerda aquellos fangos que se forman de las suaves corrientes de aguas que inundan y pudren la tierra, hasta formar de ella un vástago profundo y movedizo, en el que te hundes si pones un pie en la superficie. Así es el Sueño Americano: solo lo logran aquellos que, como las plantas acuáticas, saben quedarse a flote afirmándose en el fondo con sus raíces largas; los que, como planta trepadora, se entretejen por encima sin provocar las profundidades. Los pájaros saben eso, por eso si sienten hundirse cuando asientan en el verdor movedizo, alzan rápidamente el vuelo. El que va en cautela ágil como serpiente y no duerme profundo puede detectar lo falso de lo genuino, puede caminar sin hundirse y sobrevivir para soñar noches enteras sin sucumbir mientras concibe sus sueños.

Igual Oportunidad Para Todos

«Equal opportunity for everybody». Es común y aturdidor el escuchar esta frase en una propaganda continua hasta que la gente así lo crea: educación, viviendas, trabajos, salud, servicio militar, etc. Son algunos de los emblemas del Sueño Americano, es para parar en atención al oír estas proclamaciones. Son partes de las hipocresías más grandes de esa sociedad, donde existe un sistema con una desigualdad tan obvia que trae recuerdos pasados—claro, con las diferencias sofisticadas como corresponde a los tiempos modernos, sin grilletes en las manos y cadenas en los pies, pero es una desigualdad tan psicológicamente devastadora—. Todo se vive en una forma tal que se está convencido de que no hay nada mejor que vivir en la tierra de los sueños. El que diga lo contrario, está errado, sin visión y—más que eso—puede ser objeto de controversia y hasta de burla.

Es tal el acondicionamiento mental que para hablar de esto hay que amarrarse el cinto; es un tema neblinoso de ver y resbaladizo de agarrar. El poder es siempre el poder y termina siempre aplastando en su voluntad; lo que se concibe como una verdad en la mente es una verdad, aunque sea la falsedad más grande en la realidad. Es difícil ver o sospechar la otra cara del Sueño Americano porque este está concebido en la mente de la gente como la gran oportunidad que sacia las necesidades y ambiciones de todos.

Sofisticada esclavitud: se vive, se siente, se sospecha, pero no se puede identificar. Igual oportunidad para todos… ¿Cómo decir que no es así cuando todo está fabricado, elaborado en una forma que no enseña lo contrario? Es como esas pinturas dimensionales que por cualquier ángulo que las mires, te dan la misma cara. Es parecido a estos tres dígitos: 3+3=6. Si no te fijas bien, estos números, pueden dar resultados similares: 6-3=3. La diferencia está en los detalles que se pueden confundir. Los resultados correctos dependen de su posición y los pequeños símbolos matemáticos. Hay que observar con cuidado. Les pasa a los niños comúnmente; cometen errores simplemente porque no se fijan bien, solo siguen y actúan en rutina sin observar, tropiezan y se caen, en matemática, por ejemplo, cuando tienen que restar y siguen sumando porque no se fijan en el detalle de un pequeño signo. Les pasa a los adultos también, en otro tipo de ecuaciones simples de la vida, cuando no observan con el debido cuidado y continúan la vida en rutinas que los adormecen y no paran en atención. Ignoran los pequeños detalles escondidos donde están las grandes diferencias, no solo en matemática, sino en la vida real también.

En la tierra de los sueños, se resta con frecuencia. Nada es equivalente, pero se cree lo contrario. Para sorpresa de muchos, pocos son los que suman, la gran mayoría siempre está restando sin darse cuenta en sus constantes renuncias y largos suspiros que muestran el cansancio de una ardua lucha, y en ese letargo inconscientemente se extienden las manos hacia el frente hasta quedar encadenados sin hacer resistencia.

¿Cómo comprobar las discriminaciones y desigualdades que se viven? Si alguien puede comprobar algunos de estos atropellos o injusticias es algo así como una proeza en su vida. Las leyes se protegen a sí mismas ante de ser aplicadas con el antídoto de la inmunidad. A los desprotegidos emigrantes—especialmente la primera generación en orden de llegada—les toca caminar así: soldados de primer frente en la batalla, conejillos de experimentos en los hospitales, estudiantes de escuelas con maestros sin experiencia y salones de clases sobrepoblados que los dejan atrás en el campo de la educación. Las viviendas: pagando como ricos y viviendo de lo peor. Trabajos: haciendo lo que nadie querría hacer y exponiendo lo que a nadie le gustaría dar su propia vida. Las discriminaciones que llevan a las injusticias y esclavitud son muy bien camufladas por un sistema cuyo lema es la libertad.

Libre, libertad: Es verdad, no se puede negar, que se puede decir lo que siente donde quiera y a quien quiera—en las calles, frente a las autoridades, en los medios de comunicaciones, en los lugares público, etc.—. Pero, ¿De qué sirven todos esos derechos si eres ignorado, si los reclamos y gritos son ahogados en un barril llamado "tiempo", frente a la sordera colectiva de los gobernantes y autoridades? *«Yo no sé; no es este el lugar; ya está tarde; vuelve mañana; llama a este teléfono; necesitas pruebas de documentos, estos ya están vencidos»*. Siempre es tu palabra contra la de nadie, como un juego de pimpón donde siempre hay un rebote, pues nadie quiere quedarse con la pelota en las manos. Llegado el momento, se queda en medio del campo de juego y no sabe a dónde tirar la pelota, por lo tanto, se termina el juego de la manera más diplomática en contra tuya.

Tus reclamos siempre terminan llevándote al cansancio. Cuando tú vienes a darte cuenta, el eco de tu voz ya ha desaparecido en el vacío de la indiferencia. En otras palabras: di lo que quieras y reclama cuanto puedas; cuando te canses, cállate. Como le diría una madre a un niño majadero: *«Llora y patalea; cuando te canses, te vas a callar y te dormirás»*. El niño hace uso de ese derecho—llora y patalea—pero eso no va a inmutar a la madre a ceder a la demanda de él. Así es la libertad en la tierra de los sueños: habla y di lo que quieras; no serás censurado por eso, pero de ahí a que seas escuchado es otra cosa. Algunos dirán: *«Por lo menos puedo decir lo que pienso y siento»*, hasta ahí el alivio, un desahogo.

Importante es tener en cuenta que todo en la vida tiene que tener un objetivo que valga la pena. Si alzas la voz es para ser escuchado; si estás ahí es para ser tomado en cuenta. No basta la satisfacción de tener el derecho de libertad de expresar un sentimiento; también es cuestión de ser escuchado y tomado en cuenta. No basta con ser libre y tener derecho a tomar decisiones si no vas a llegar lejos en resultado. Llama la atención cómo la gente vive dormida bajo la cobija de un país libre, pero que sabe manejar muy bien el concepto de su proclamada libertad.

Pero, ¿Hasta dónde escucha y hasta dónde cede su preciada libertad? No es muy común ver que un reclamo de la gente popular pare una propuesta de ley ya concebida o puesta en marcha. No sé si es la forma como la gente reclama o si es la sordera colectiva de los gobernantes estratégicamente bien usada.

La libertad es enemiga de la dependencia porque esta te hace esclavo. Esta puede ser una buena clave a interpretar y una trampa a esquivar. Por ejemplo, hay una palabra muy parecida a la independencia y esta es la dependencia. Se cae en ella por múltiples razones—unas válidas y otras no—y en ocasiones te acomodas a ella, sin darte cuenta que es una forma de esclavitud en un estilo de vida. Un niño, por ejemplo: es imprescindible que dependa de alguien para sobrevivir, especialmente de sus padres. Ellos lo deben proteger hasta que alcance cierta madurez que le permita independizarse y hasta ahí. Los niños, ancianos o simplemente cualquier persona pueden caer en la dependencia por razones circunstanciales, sin darse cuenta o a sabiendas. Una persona independiente es sencillamente libre; un individuo dependiente está limitado, sujeto, atado. No puede hacer lo que quiere y eso tiene un nombre, llámese como se llame.

A un país que depende de otro, bajo su yugo de poder y decisiones, se le llama "sometido". No tiene ley propia, voto ni voz, la gente no puede decidir en su propia tierra y, lo que es peor, a veces en su propia vida. De igual manera, una persona que depende de un sistema para vivir no puede decidir lo que hace con su vida; por lo tanto, no es libre. Millones caen en la esclavitud de la dependencia económica en el país de los sueños—siendo esto parte del mismo sistema controlador—pero no llaman la atención. La dependencia es una corriente turbia con aparentes aguas claras; tiene que haber de todo para que el sueño sea atractivo.

Esta gente tiene que dar explicaciones como niños. Si compras un caramelo: ¿Cuánto te costó y qué hiciste con lo que quedó? Si te vas o saliste: ¿Cuándo te fuiste? ¿Por qué te fuiste? ¿Cuándo regresaste y cómo lo hiciste? Tienen que dar explicaciones a todos y de todo. ¿Cómo se le llama a esto en la vida de un ser humano? No hay que saber mucho de libertades y esclavitudes para darse cuenta que, si no puedes decidir y hacer lo que quieres en determinado momento de tu vida, estás muy cerca de algún yugo esclavista. El significado de independencia o libertad es amplio y muy complejo a la vez porque para decir que eres libre, son muchas las cosas que hay que tener en cuenta. No basta con creerte libre; tienes que vivirlo en todo sentido de la palabra. Hay tantas clases de yugos y cadenas que pasan tan inadvertidos como los pequeños detalles en un contracto al firmar. La libertad se parece a la verdad; estas dos palabras tienen un contenido tan profundo y amplio que es muy difícil llegar a ella.

Al rendir cuenta en la entrega: dos para mí y uno para ti; desbalance total en la colecta. Cuando el otro llena su canasta, la tuya está media. Siempre restando, saben cuánto ganan, pero nunca lo que queda. «*Gross pay*»: no sabes lo que significa, pero ves en tu cheque $408 dólares, 40 horas de trabajo semanal, y una larga lista de deducciones de impuesto. Lo que ve en la deducción te frustra y piensas que es mucho. Dirán, «*eso no es nada nuevo, todos saben que es un deber como ciudadano pagar impuestos, hay que contribuir a la plataforma económica de tu país, es lo correcto*».

Lo injusto y asfixiante es lo interminable de la resta porque la lista de los impuestos sigue hasta que gastas el último centavo que tienes en la cartera. La resta no se limita a la lista larga que tienes en tu cheque. Es igual que un saco roto, con un ligero agujero en el fondo, que suavemente—y sin que te des cuenta—va dejando salir poco a poco lo que llevas dentro hasta quedar vacío. Cuando te das cuenta y miras atrás, no ves ni las migajas marcando las huellas para volver atrás y te quedas como aquellos dos hermanitos, Hansel y Gretel, perdidos sin encontrar el camino porque alguien iba recogiendo las marcas de pan que ellos habían dejado atrás para dejar huellas en el camino por si tenían que regresar a casa.

Entonces lo que creías que era no es y lo que te entregaron no es lo que te queda. Cada vez que hace usos de un dólar, tienes que seguir pagando y restando más de tu cheque, sin que casi te des cuenta. Si ya tienes lo que te quedó, limpio como se dice, tienes que revisar qué tanto limpios están los dólares que te quedaron en las manos, porque cada vez que mueves un dólar sigues pagando más y más impuestos. Hay que llevar muy buena contabilidad y hacer un minucioso inventario constantemente para saber al final qué fue lo que en realidad te quedó en valor a tu favor.

Después de la lista de impuestos que sale en tu cheque, hay que pagar impuestos en la cuenta de luz, gas y teléfono, cualquier prenda de vestir, electrodomésticos, bebidas, restaurantes, gasolinas, pasajes de avión, cruzar un puente, etc. Hasta el caminar fuera de tu vecindario te cuesta, absolutamente en todo tienes que seguir pagando un impuesto sobre otro; la lista se extiende a cualquier adquisición desde un dólar. Es como tener un asalto cada vez que usas la cartera, pero eso no es todo: al final del año, tienes que revisar de nuevo por si acaso quedó en tu mano algo que no fue cedaceado. Si se quedaron algunas arenillas, tienes que sacudir y devolverlas.

Después de todas estas deducciones, ¿Cuánto dinero crees que queda de tu cheque en valor en tu bolsillo? Se necesita una buena revisión y un buen seguimiento para saber cuánto dinero realmente queda limpio en tus manos, porque entre las cedaceadas y sacudidas todo se va por los pequeños hoyos del cedazo. Te quedas sorprendido al seguir buscando las pequeñas pepas de oro y no encontrar nada porque la arena ha sido cedaceada repetidamente, sin que te des cuenta, ante tus narices. Entonces te toca salir del agua con los calcetines mojados, ponerlos al sol y volver mañana si es que todavía sigues sin darte cuenta que siempre será igual porque alguien tiene acceso primero a la arena y solo le toca rebuscar.

Dormida en esos profundos sueños que llevan al descuido, la vida se convierte en el juego del palo ensebado, muy resbaladizo. Con muchísimo esfuerzo logras llegar casi a la cima de los sueños, pero cuando vas a extender las manos, te das cuenta que vas de bajada sin poder agarrar nada. Entonces, con la mirada fija hacia arriba, vas de bajada, contemplando lo que se tuvo cerca y fue imposible alcanzar, después de tratar tantas veces de llegar a la cima para conquistar el premio. Solo te queda la única opción de seguir tratando de nuevo o darte por vencido, al darte cuenta que las fuerzas y las motivaciones ya no son las mismas. Puesto que el palo ensebado es muy resbaladizo, te subes y te bajas como un juego sin control que te aturde, robándote las ilusiones para seguir tratando.

Robar sin sentir culpa: caminando en una mañana lluviosa, ella vio de pronto un rosal en frente de una iglesia. Las rosas se veían hermosas, irrigadas por aquella llovizna suave que caía sobre sus copiosos pétalos. Sin pensarlo, extendió sus manos y cortó la más preciosa a sus ojos. Con la rosa entre sus manos, caminaba muy despacio, soñando y contemplando su belleza y respirando la suave fragancia que esparcían sus pétalos. De repente, un extraño pensamiento se apoderó de ella: se había robado la rosa que pertenecía al embellecimiento del portal de la iglesia. Se sintió culpable y a la vez se justificaba diciendo: «*well, fue solo una rosa y el rosal tiene muchas*». Sin duda es hermoso soñar; no importa si es en un pequeño rosal o en el jardín del edén y por eso sin sentir culpa, sin pensarlo de repente con un puñado de ilusiones, lo apuesta todo pensado que robara un descuido a la suerte, abandonando todo por el codiciado Sueño Americano, que sin duda provoca a la gente aquella extraña sensación de bienestar, que roba a la realidad el placer del éxito que solo se logra fuera de la fantasía.

La franqueza sorprende porque sacude el orgullo de la hipocresía: En el país de los sueños, cambia todo: la forma de conquistar, el sentido de la honestidad y hasta el objetivo de la vida misma. Cambian las perspectivas, obligadas por las corrientes a seguir o por los propios convencimientos. Esto no se trata de cuestión cultural fuera de la suya, sino de alternativas o elecciones en el camino de llegada.

Se sorprendió él mismo al responder a una pregunta—un poco complicada por tratarse de la ética y honestidad personal—sobre si él devolvería algo, al encontrar en la calle a su dueño. Le pareció muy bien que fuera devuelta a su dueño cualquier objeto encontrado. ¿Qué no daría una persona por recuperar su cartera, dinero, y—lo más importante—documentos a veces irremplazables?

La pregunta vino a raíz de una historia leída en un salón de clase con intenciones educativas; él no sabía si era real o construida en la ficción. La lectura decía así: un camión de seguridad de una compañía transportaba una gran cantidad de dinero y por un incidente perdió una fortuna. La puerta trasera del transporte se abrió mientras iban en marcha. El dinero se esparcía y volaba en toda dirección en la carretera, el tráfico se paró, y la gente se apoderaba recogiendo el dinero a como diera lugar. Cuando se dieron cuenta que el camión iba dejando salir la fortuna, ya era demasiado tarde; la mayoría del dinero había desaparecido, esparcido en el tráfico.

La compañía trató de recuperar el dinero a través de diferentes medios y anuncios públicos, ofreciendo recompensa de un tanto por ciento del dinero devuelto. Algunos fueron honestos, por decirlo así, y lo devolvieron; otros, no. Hubo una persona que desafió la honestidad: llamó y dijo que tenía una bolsa de dinero pero que no la iba a devolver, que se iba a ir lejos a otro lugar a comenzar una nueva vida. Cuando vino la pregunta directa a él, que, si devolvería el dinero en esa circunstancia, contestó: «*depende*».

Después de saber y recordar de dónde sale el dinero para reparar los desfalcos de las grandes empresas, contestó la pregunta con más firmeza:

—No lo devolvería. Me iría con mi fortuna como lo hizo el señor que llamó.

Todos se miraron, tal vez porque dijo algo que ellos no se atrevían a decir en público pero que lo harían también, llegada la oportunidad. Agregó:

—Es probable que ese dinero venga de mi trabajo, del trabajo de mis hijos y de todos aquellos trabajadores, menos del trabajo honesto de esas grandes compañías e instituciones poderosas.

Estaba seguro de que el sudor de la gente trabajadora gotea día a día en la cazuela de aquellos que tienen manos largas y anchas para acaparar cuanto pueden. En la tierra de los sueños, hay que interpretarlo todo, no solo los sueños sino también las pesadillas.

Las esperanzas ya no son verdes porque las secó el sol al posar y la fe ha perdido su acierto porque lo esperado nunca llegó. Como la mañana pierde su rocío lentamente al levantar el sol, así las fuerzas caen cada día. Los sueños son más turbios cada noche, muriendo en la oscuridad de la incertidumbre, en contraste con el día que vence la oscuridad al darle la bienvenida al sol para comenzar de nuevo. Hoy ha cambiado de percepción, de forma de pensar, de sentir, de esperar; ha dejado de soñar y hasta de creer.

Otro matiz tiene la belleza. Ya los colores no brillan igual; y, acostumbrado uno a la sensación de la frustración, ya los desengaños no duelen igual. Los golpes certeros no pegan igual porque aprendió a esquivar. Es tiempo de subir la mirada y ver un cielo azul, con sus matices blancos y grises que dibujan el horizonte con aquel color sin nombre. Es tiempo de cambiar porque ya nada es igual. En el camino, el rumbo no es el mismo hay que seguir; no se puede mirar atrás si quiere ver la sorpresa que descubre cada paso al adentrar al sendero.

Sueños importados: si eres estudiante rico, una visa te pueden dar, y si eres profesional también te puedes quedar. Con tu visa puedes estudiar y tu permiso trabajar. ¡Qué suerte y privilegio poder estudiar allá! Dejan sus estudios aquí porque allá puede hacerlo mejor. Se descuidan los detalles; decidirá tu tiempo un oficial de migración: *«un año te puedes quedar y luego tienes que regresar»*.

Trabajo no encuentras. Tu horario tienes que ajustar para también poder estudiar. Si trabajas de noche o de día, puedes estudiar. Quisieras que alguien te diga cuándo podrás dormir. La tía te dijo que ya tienes que pagar el cuarto donde duermes porque tienes que ayudar. Con los gastos que tienes, ya no puedes estudiar y el camino a casa ya no puedes encontrar. Se termina el tiempo para poderte quedar y dinero no tienes para poder renovar.

Tus amigos te preguntan cuándo regresarás; la respuesta se queda en el vacío porque tampoco lo sabes. Tu visa ha vencido y así no quieres regresar, graduarte no has podido y a ellos no los podrá alcanzar. Se te venció la visa, ya no puedes estudiar, también te das cuenta que no puedes trabajar. Exclamas: *«¿Dónde están los sueños?»* Se echaron a volar y tan altos ya se encuentran que no los puedes alcanzar.

Desvelado te encuentras. No puedes conciliar sueño porque ya no puedes soñar con las cosas que un día fuiste allí a buscar. No las encuentras nunca por los senderos torcidos del camino que tenías por donde tienes que seguir. A la derecha o la izquierda, no sabes por dónde doblar porque perdido te encuentras y no sabes cómo regresar. Trabajar no puedes porque viniste a estudiar, y estudiar no puedes porque tuviste que trabajar.

Sacrificios, mensajes de esfuerzos y entregas: cuando se está consciente de eso, se cede en el camino de las renuncias. Es curioso cómo la gente aplica el sentido del sacrificio, siempre se acomoda la carga en los hombros de los demás. Se aplica maliciosamente de una persona a otra, en la pequeña sociedad familiar, en los pueblos y naciones. La tierra de los sueños no es la excepción; cuando necesitan capital para fertilizar la economía, se busca y se represa el agua donde hay más sed, achicando lo único que tienen los menos afortunados.

Pasa igual en las familias cuando se sirven en la mesa únicamente los necesarios para cada persona. De pronto, llega una visita improvisada a la hora de comer y ya está servida la mesa. Comienza la reducción para llenar el vacío—en este caso, el plato adicional—y de seguro alguien se queda sin comer o por lo menos sin su carne, parte principal y preciada en la mesa de los más desafortunados. Con resultados similares, se pueden dar otras situaciones en las que el huésped llegue momentos antes de ser servidos los alimentos. La situación se maneja de otra forma: se reducen las porciones empezando por los más pequeños y casi siempre se consigue equilibrar el vacío del plato anexo, antes de llegar al plato del más grande o patriarca del hogar.

Así es el sistema y el sentido de sacrificio de los gobernantes, aunque ellos no piden nada—solo informan lo que hicieron o van a hacer—. Comúnmente usan frases como estas en sus discursos: *«hay que sacrificarse por el bienestar de la nación y una economía más fuerte; es necesario para ajustar presupuesto y seguir creciendo como sociedad próspera»*. Palabras consoladoras para amortiguar los golpes y hacer resignar a todo un pueblo o grupos afectados por los recortes presupuestales que aplican los grandes administradores. Pero con seguridad en sus mesas todos siguen comiendo en abundancias y ni siquiera el perro se entera de que se puso un plato más en la mesa porque había llegado un visitante improviso a la casa.

Entonces, ¿Dónde está la ecuanimidad equitativa de los sacrificios necesarios? ¿O es que la inmunidad los hace exentos de los sacrificios por su pueblo? La gente más débil se queda como niños, esperando siempre el caramelo que les va a traer el padrino cuando vuelva o cuando pasen los reyes magos el próximo año. La justicia es espada de doble filo; al aplicarla, te puedes herir tú mismo. Por eso hay quienes prefieren mantenerla envainada—el usarla es un recto de valor que hace la diferencia en tu vida y en los demás—.

Interminables son los sacrificios y los altos costos por las aspiraciones del Sueño Americano: madres que pierden a sus hijos en circunstancia trágica—las guerras, por ejemplo—qué triste. Cuando se cuestionan a los presuntos responsables, contestan con una serenidad asombrosa: «*sacrificios necesarios*». Sería mejor quedarse callado porque sencillamente hay preguntas que no tienen respuestas y esta es una de ellas: ¿A qué madre se consuela su dolor de haber perdido un hijo con semejante frase, «*un sacrificio necesario*»? Mucho menos si no se entienden muy bien las razones de semejante sacrificio, como es la pérdida de un hijo, sobre todo si se tiene en cuenta que los sacrificios humanos han sido abolidos desde hace ya tantos años y mucho más cuando se está hablando de gente civilizada capaz de sentarse en la mesa de la diplomacia.

Los intereses aturden a aquellos que quieren los huevos de oro, pero que están sobre guardados bajo cuidado del dragón de las siete cabezas. Ellos se protegen muy bien, mandando a otros a confrontar el dragón mientras esperan el momento preciso para extender las manos y sacar los huevos sin ningún riesgo; los devorados son los otros. Este es un tema profundo, delicado y hasta peligroso de comentar, por las tantas razones que justifican el proceder, pero vale la pena mencionarlo, aunque sea ligeramente, porque es uno de los sacrificios más grandes y tristes que llenan las páginas del famoso Sueño Americano.

Pavor y desconcierto causan ciertas realidades increíbles. En la noticia de un día común anuncian: «*hombre que cae al pavimento del aterrizaje de un avión, congelado y obviamente muerto*». Es común escuchar que un avión se cayó o fue derribado por enemigos en la guerra, pero esto era diferente en la noticia; no un avión que se cayó o fue derribado, sino un cuerpo humano que cayó de un avión al aterrizar; un caído más en la batalla por el Sueño. Qué horror. Obviamente ignoraba la mortal situación, creyendo que era solo un peligro a desafiar. Esto confirma que se queda corto cualquier comentario sobre del precio a pagar por el cotizado Sueño Americano.

Al mismo tiempo anuncian lo contrario en las noticias: la proeza de una mujer que, sin saber inglés, triunfó en los negocios como estilista. Estos limitados logros son los que atraen a los que mueren día a día en busca del Sueño Americano—como la persona congelada que cayó del avión, perdiendo su vida—porque se vale todo con tal de llegar a la tierra donde todo es posible. Desafortunadamente, estos no son casos aislados. Son miles los que sucumben en el intento en diferentes circunstancias; ellos no son contados y tampoco salen en los medios de comunicaciones, sino que caen en el abismo del olvido. No se puede negar que la gente hace cosas espectaculares, asombrosas, atrevidas y peligrosas con tal de llegar a la tierra de los sueños, sin contar que después de llegar es otro camino a recorrer para lograr el Sueño. Ahí son muchos los que se quedan en el camino.

Es importante recordar a aquellos que no salen en los medios de comunicación; a los que son vistos por última vez, y nadie los vuelve a ver, pero que engruesan la fila del camino hacia el Sueño Americano; aquellos perdidos, abusados, violados y muertos por manos criminales; los desaparecidos en el camino que nunca regresan, aunque se espere toda una vida; los oprimidos y amordazados hasta no dar más; los maltratados cuyos gritos jamás son escuchados. Nadie menciona aquellos que, perdidos en el anonimato de la oscuridad, desaparecen en el enigma del silencio, quedando solo en los recuerdos de aquellos que los conocieron o de aquellas madres que no se cansan de esperar.

Son muchos los depredadores a desafiar: el mar ahogando, los desiertos secando, el oxígeno negándose en la cajuela de un carro; unos son destrozados por el león rugiente de los rieles, otros por una bala asesina, y todavía otros por la furia de un animal salvaje. Además, hay los que mueren lentamente en el lugar de trabajo—factorías o campos de trabajos inseguros— expuestos a una vida miserable que solo asegura su deterioro físico y emocional cada día, abandonados luego cuando ya no pueden seguir, como caballos viejos al no poder arrastrar la carreta. Estos quedan a la deriva en el país de los sueños y con la pesadilla de tener que seguir viviendo una vida sin calidad humana. Muchos quieren regresar, pero se encuentran con que no tienen nada en ningún lugar porque se han desarraigado de los suyos, perdiéndolo todo. Es la dura realidad de los emigrantes.

El deterioro amenaza la salud, poniendo al riesgo la vida constantemente. No viven; sobreviven. Si se enferman, son presas fáciles para los experimentos y su dolor es causa de indiferencia. La discriminación les saluda con su mejor sonrisa cuando quieren ser parte de la sociedad; no encajan, son emigrantes, no merecen ser tratados como personas. Los oídos no escuchan sus reclamos; sus derechos no se reconocen; son los últimos de la fila, aunque hayan llegado primero. Si están en algún lugar, se percibe como un lugar vacío. No cuentan.

Esta mujer sufría de un dolor de cabeza. En una visita de rutina al médico, le dieron un diagnóstico de una posible cirugía en la cabeza para corregir el origen de su dolencia. Ella se sometió a una peligrosa cirugía con la esperanza de solucionar su problema de salud. Para su desilusión no ocurrió así; el dolor de cabeza se agudizó más después del procedimiento. Su condición llevó al cirujano a sugerirle ver al neurólogo, cosa que debió recomendar antes de operar. Para su sorpresa, el diagnóstico del neurólogo resultó ser que la operación no había sido necesaria, que él tenía pacientes con la misma condición y no había sido necesario intervenir. Seguro, no se dio cuenta de lo comprometedor de lo que dijo por eso de la ética profesional; probablemente sí, haciendo la diferencia la persona con quien estaba hablando, cualquier atropello no importa porque ellos no cuentan.

A partir de ahí, la mujer comenzó a buscar otras alternativas. Había perdido la confianza en los médicos. Su dolor de cabeza era cada vez más fuerte, a pesar de que el doctor aumentaba las dosis de los medicamentos. Esto la llevó a consultar un médico que practicaba una rama de la medicina holística. Segundo diagnóstico: una operación innecesaria. Ahí se derrumbó y lloró como niña frente al doctor y su hijo que la acompañaba. Lloró con desesperación de esa que genera una frustración dañina.

Replicó el médico:

—El dolor agudo es por lo que hicieron en tu cabeza. Te implantaron dos metales que al parecer no asimila el cuerpo. También tienes las quijadas fuera de su lugar a causa del corte craneal.

Todo eso no hubiera sido nada si la cirugía hubiera sido necesaria para salvar o mejorar su vida. Confirmado: una operación innecesaria para ella, pero necesaria para el médico porque sus intereses estaban detrás de su dolor.

Lloró y lloró desconsolada, buscando una explicación. Entonces cayó en una profunda depresión al descubrir que había sido sometida a una práctica experimental o de intereses materiales. Cada día se deterioraba más a pesar de haber buscado alternativa. Cuando tenía crisis de dolor, inevitablemente tenía que ir a la sala de emergencia, donde era sometida a la práctica una y otra vez. Una vez la retuvieron en el hospital por tres días, tratando de extraerle el líquido de la columna vertebrar para ver si tenía, según ellos, alguna infección en la cabeza—el pretexto perfecto para su práctica—. Estaba en manos de practicantes sin saberlo; lo que sí sabía era que estaba sufriendo mucho en sus manos. Temblaba cuando los veía llegar, hasta que, desesperada por el dolor, los enfrentó y les dijo que no se atrevieran a ponerle las manos encima una vez más.

Se retiraron, y fue entonces cuando vino otro médico ya no tan joven como los anteriores: «*no tenga miedo; nunca fallo cuando hago este procedimiento*». Así fue. Ella pudo sentir que no fue tan doloroso como los intentos anteriores de aquellos practicantes que habían ejercido por tres días sin haberle explicado; seguro que ese consentimiento lo tenían bajo una firma ilegal para protegerse.

A la deriva, solo tienes que firmar seguido de la señal x, y luego, un renglón en inglés. Cuántos abusos y engaños después de esa firma—no sabes que estás firmando y dando permiso para que hagan lo que ellos quieran y lo que tú no te puedes imaginar—. No sabes que esa firma te desprotege de todo y que queda a la merced de lo que ellos quieran hacer contigo, y a la vez quedando ellos bien protegidos para no ser responsables de cualquier negligencia ocasionada por sus experimentos y prácticas peligrosas.

Ejemplo común: vacunan a tus hijos y luego te dan un manual o papel escrito explicando las consecuencias o daños secundarios para que leas en tu casa. Ya no hay vuelta atrás por más que te arrepientas; ya tienen la vacuna en el cuerpo. Esto es un crimen, una práctica muy común y poco notable, en contra de la gente que ellos saben que pueden abusar por la desinformación o ignorancia al tema.

Obligado A Vivir El Sueño Americano

La libertad es muy hermosa; es lo que da a la persona o a cualquier criatura viviente la sensación de ser su propio dueño. Nada ni nadie debe cohibirte de ser quien eres o quien quieres ser. Una historia que causa de pronto impacto, incredulidad, tristeza, desconcierto y hasta indignación: una familia trae a los Estados Unidos a su padre ya muy viejecito. Probablemente él quería venir por las maravillas del Sueño Americano que muchos quieren vivir, aunque sea por curiosidad antes de morir.

Como casi siempre ocurre con los abuelos, el impacto es muy grande al llegar a la tierra de los sueños; los cambios son muy extremos para asimilar a su edad. Este abuelito muy pronto manifestó que quería regresar a su casa, pero su familia tenía otro plan con él. Lo trajeron a los E.E.U.U. no para que él viviera el Sueño Americano, sino para que hiciera posibles los sueños de otros reclamando a unos familiares para ingresar a los Estados Unidos. Por lo tanto, él tenía que permanecer en el país tiempo indefinido, obligado a vivir el Sueño Americanos hasta que los familiares reclamados tuvieran sus tarjetas verdes para entrar al país.

Su hija tenía planes de viajar a su país y le prometió que él regresaría a casa con ella, pero era solo una promesa falsa para distraerlo pues lo tenían engañado igual que a un niño. Su hija viajó a escondidas de él; se fue y lo dejó. Quién sabe qué cuento le inventaría al irse, pero de todos modos él se enteró. Al saber la verdad, fue tanta su tristeza, angustia y desesperación, que le dio un derrame cerebral y quedó en coma en el hospital antes de perder la vida al final, nunca despertó de su sueño. No hay que ser muy trágico para imaginarse la angustia e impotencia que vivió al verse desterrado, obligado, prácticamente encarcelado en un lugar donde no quería estar, sin saber cómo como romper las cadenas que lo ataban.

Esto tiene cara de tragedia en el seno familiar por la gran pérdida del padre, y también por el dolor de culpabilidad que cargarán toda su vida. Por la ambición del Sueño Americano, por ignorancia o cualquier razón válida para ellos, expusieron la vida del padre y lo usaron para pagar. Qué caro el precio, lo máximo el valor: la vida. Lo que es peor es que tomaron la vida de su padre sin que él quisiera dársela en sacrificio, porque murió sin él quererlo, lejos de los suyos y de la tierra que lo vio nacer, impotente, sin poder lograr la libertad de vivir lo que quería, sin regresar a su hábitat ni a su casa con los suyos. Fue obligado a pagar, con su propia vida, por los sueños de otros. Eso es una crueldad—no hay que virar la moneda para ver la otra cara; está ahí al descubierto—.

Después de haber pagado semejante precio, ¿Se podrá disfrutar, dormir y soñar con tan gran deuda consigo mismo? Se sabe que las deudas personales son más pesadas y difíciles de pagar que cualquier otra, porque tus propias deudas están constantemente contigo. Eso a lo que le llaman conciencia te recuerda y te hace llevar el peso en tus propios hombros, mientras que al deudor solo lo ves de vez en cuando, lo que quiere decir que es casi imposible olvidar o pagar una deuda contigo mismo. Exponer la vida de tus progenitores, familia, hijos o cualquier ser querido… ¿Qué puede significar o valer más que eso? Si alguien lo sabe, que lo deje saber.

Soñando en cama ajena: Tratando de interpretar, entender, se pregunta: ¿Qué mueve a la gente de todas partes del mundo a emigrar a los E.E.U.U., si lo menos que hay allí es gente feliz? La gente no solo pierde la sonrisa, sino que llevan marcado el dolor y desilusión en sus rostros, sin poder negar lo que llevan por dentro. Casi siempre son verdaderas tragedias de arrepentimiento y culpabilidad de haber un día tomado la decisión de dejarlo todo por el Sueño Americano. Justificando se puede decir, «*no tenían nada*». No, eso no es verdad. Siempre se tiene algo, lo que no se sabe nunca es valorarlo. Entonces en ese dejar se lo pierde todo, llegando hasta las decepciones.

Son estas las cosas que se convierten en explosivo en la vida de la gente, llevándolas a vivir con miedo en las calles como si estuvieran viviendo en la misma jungla. Caminan sin saber el desafío de sobrevivencia a librar en cualquier momento; es por eso que la gente reacciona siempre a la defensiva al tener que lidiar con personas apáticas, mal humoradas, aburridas, explosivas, nerviosas y apuradas, cuyas miradas están siempre pérdidas y agresivas dentro de su frustración. Se vuelven intolerantes, como si no quisieran compartir el espacio del mundo donde viven con los demás. ¿Todo esto por qué? Están en el país de los sueños y las maravillas donde se creen que todos problemas tienen solución.

Cuando despiertan, recuerdan y recitan de memoria aquel refrán tan popular en América que dice: «there's no place like home». No hay un lugar mejor que estar en casa; ellos parecen saber muy bien el significado de ese dicho tan popular. Por eso lo recitan con frecuencia, especialmente cuando llegan a casa, aunque hayan estado muy corto tiempo fuera de ella. Siempre se quiere regresar a casa—el lugar de origen—porque no hay otro lugar como él.

Entonces el Sueño Americano se invierte porque se dan cuenta que se encuentran soñando en cama ajena y se extrañan todos. Muchos logran regresar; otros se quedan en el camino como pájaros extraviados al emigrar que se descuidan separándose de la manada y no emprenden su vuelo a tiempo. Quedan rezagados, perdidos, y los atrapa la tormenta. La gente perece, no solo perdidos y atrapados en los desiertos, montañas, mares y ríos, sino también en el intenso desafío de un vuelo desorientado por las nostalgias y deseos de regresar a soñar en su propia cama: su tierra.

Esto hace recordar la historia de aquella joven que al explicar qué la motivó a venir a los Estados Unidos, dijo: «no lo sé; uno viene aquí a buscarlo todo y no encuentra nada» confesando ser feliz en su país aunque no tenía una cuenta de banco. Un gran contraste: si era feliz y tenía lo necesario para vivir, ya tenía lo más importante en la vida. ¿Por qué cambiar eso—que es mucho—y dejarlo por lo inseguro que no pasa de ser solo eso: proyectos y ambiciones inciertas camufladas en el prestigioso y famoso Sueño Americano?

Siempre hay diferentes razones y motivos para emigrar, no hay duda de eso. Hasta los pájaros lo hacen por cuestión de sobrevivencia, pero si se observa bien, ellos dan una gran lección haciendo la diferencia: no dejan a ninguno atrás ni renuncian a nada; vuelan en manada buscando mejor clima y pastos más verdes, pero siempre juntos. Los antepasados nómadas lo hacían con los mismos objetivos, pero con su familia o dentro de la protección familiar.

Es razonable la búsqueda de una vida mejor para ti y lo tuyo; no hay palabras que expliquen que se haga lo contrario. La búsqueda del bienestar la impulsa el mismo instinto de sobrevivencia. Lo cuestionable aquí es el alto precio que se paga cuando se trata del Sueño Americano. Se arriesga todo, cambiando lo poco tenido por lo mucho a conseguir en una búsqueda incierta que lleva a una vida llena de renuncias.

La fama de los sueños selectivos: Los sueños selectivos pertenecen a la categoría de los privilegiados y estos son pocos en cualquier selección. Por eso no se debe creer en la gloria de Hollywood que llega a representar lo que puede hacer o ser un emigrante común en los E.E.U.U. Porque se está hablando de las excepciones y las excepciones son solo eso: excepciones. Su mismo nombre lo explica. Se debe creer en lo que todos pueden lograr. Esto no significa que todos tengan que llegar a Hollywood o a la Casa Blanca, sino que los logros sean más equitativos y accesibles para todos, especialmente para aquellos que los buscan y trabajan con grandes esfuerzos.

Esa fama entierra—en el anonimato del olvido—a aquellos que mueren cada día, los que renuncian a todo y venden su fuerza de trabajo tras años, construyendo fortunas para otros como esclavos; los que se quedan en el camino sin poder llegar, o aún en la tierra de los sueños no pueden alcanzarlos; los abusados por migración, patrones, o el mismo sistema; esos que como caballos llevan y aguantan la carga de los demás, convirtiéndose en puente para que otros pasen; aquellos que dejan de vivir, haciendo lo que no quieren o viviendo lo que no disfrutan; aquellos que de una forma u otra sacrifican su propia vida y no logran cosechar porque, al cruzar el puente, se dan cuenta que les faltan las vigas principales y no pueden llegar; los que viven en el anonimato, siempre en la oscuridad, convirtiéndose en la cama para que otros sueñen plácidamente en las glorias de sus sueños; en fin, todos los que se convierten en máquina de producción para la remeza de un país. Es triste, pero es una realidad; ellos son los esclavos, no vendidos sino empeñados. Sus reconocimientos son muy pobres, poco ruidosos y jamás son reconocidos como triunfadores en la Hollywood popular.

Ellos son la vergüenza de los gobernantes, igual que aquellos padres irresponsables que exponen a sus pequeños a trabajar para que sean fuente de ingreso en el hogar cuando deberían estar en la escuela estudiando. Es la responsabilidad de los gobernantes mejorar la calidad de vida de su gente en sus propios países y permitir que sueñen en sus propias camas, en su casa, con los suyos, con lo que tienen y lo que son. ¿No es este un sueño hermoso?

No es necesario mencionar aquellos que logran el Sueño. Son demasiados los que hablan de ellos por herencia propia a su reputación, llevándolos a ser símbolo de riquezas, logros y bienestar. Su fama es la trampa de atracción en la que cae tanta gente; decir lo contrario se percibe como equivocado. Es insospechable y atrevido hablar de todos aquellos que se esconden detrás de esos posibles y grandes logros de emigrantes que propagan la fama del Sueño Americano.

Las discriminaciones llegan hasta las injusticias porque golpean y lastiman la dignidad, te debilitan en la lucha, y te limitan en el camino a seguir. Pocos salen bien librados, como pocos salen secos al cruzar un rio sin puente. No importan los caminos secos o mojados, altos y bajos; los golpes salen de cualquier lugar y pegan en cualquier momento. Se siente el peso devastador de la discriminación, pero es más fuerte el golpe al ver quien lo arremetía: una congregación religiosa que predica contra las injusticias y desigualdades.

Se sabe que las igualdades, justicias y derechos humanos deben de estar siempre presentes ante cualquier oportunidad a lograr. Este joven estaba muy contento porque tuvo la oportunidad de entrar a un colegio religioso donde iba a tener la oportunidad de una mejor preparación académica. La institución era muy prestigiosa; estaba calificada entre los mejores en su categoría. El joven dio lo mejor de sí; quería mostrar que podía y lo logró, llegando al cuadro de honor. Fue felicitado por el director del colegio públicamente por sus notas de matemática perfectas, un gran logro para él. Llegó el momento importante de transición y preparación para entrar a la universidad. Debía tomar una prueba de capacitación en general para mostrar sus habilidades—las universidades toman muy en cuenta esta prueba para elegir sus prospectos—.

Su sorpresa fue enorme cuando vio que se le negó la oportunidad de tomar dicha evaluación. Las explicaciones no estaban claras, como era de esperarse en estos casos. El joven en su frustración llegó hasta la desesperación, diciendo que sus esfuerzos habían sido en vano al ver negada la oportunidad que se había ganado. ¿Por qué? Nunca tuvo una respuesta clara de parte de ellos.

Emprendió una lucha por sus derechos. Tocó puertas y habló con su orientador, quien le dijo que no podía hacer nada porque eran órdenes del director. Entonces se dirigió al director y la respuesta fue la misma: la política de la institución. En la lucha encontró el verdadero motivo por el cual se le negó tomar el examen: él había venido del sistema público y lo pusieron en una clase considerada de bajo rendimiento académico, no por su capacidad sino por venir del sistema pública. Inmediatamente lo habían encasillado entre los rezagados, aunque mostró lo contrario. Es cruel, no solamente discriminatorio, el limitar a una persona solamente por venir de un lugar o grupo de pocos recursos y oportunidades.

Él rompió con las expectativas, llegando al cuadro de honor y esto lo sorprendió, pero más sorprendió al ver su lucha por sus merecidos derechos. Tristemente, no logró nada en su lucha; sus enemigos eran muy fuerte y el reloj estaba en su contra. La madre luchó junto a su hijo por sus derechos, convencida de que ninguna lucha se pierde si se pelea con las armas de la justicia, que en algún momento se ven los resultados. A través de su descontento, él siguió su lucha, mostrándoles a las autoridades y maestros sus grados académicos en alto. Pasó el tiempo y el año siguiente, el director les permitió coger el examen a todos estudiantes que quisieran y se sintieran capaces. Resultado: ganó su lucha, aunque tarde para él, pero le quedó la satisfacción de que otros se beneficiarían de sus luchas y reclamos.

¿Qué relación tiene esto con el frustrado Sueño Americano y por qué es tan difícil lograrlo? Es que las barreras son incontables, sublimes y muy difíciles de detectar por lo imaginable de sus escondites; nunca se sabe por dónde tienes que saltar para esquivar el golpe. El joven hizo lo correcto en sus esfuerzos de lucha, pero estaba en el lugar equivocado donde se escondía la injusticia de la discriminación bajo el manto de la hipocresía religiosa. Él no pedía nada, solamente que se le reconocieran sus esfuerzos a los que tenía derecho para seguir como estudiante de honor. Era el arma que le daba las ilusiones para seguir luchando por su sueño, las alas que necesitaba para volar y ellos las querían cortar.

La discriminación es una de las grandes barreras que hay que saltar en la tierra de los sueños. Es tan fácil de esconder y difícil de comprobar; hasta detrás de una excusa ridícula se puede camuflar. Para lograr justicia se necesitan mucha audacia, mucho dinero, un largo camino, muy buenas pruebas y un buen abogado, sin contar con que los peces grandes siempre se comen al más pequeño.

En el mar también es difícil soñar. No se sabe cuál será el sueño de las criaturas en el mar, pero su parecido con el Sueño Americano es la sobrevivencia. Se sabe que las criaturas en el mar se alimentan de sus mismas especies. Funciona así: el pez más grande se come al más pequeño, por lo tanto, tienen que desarrollar estrategias de sobrevivencia para protegerse. El depredador tiene que estudiar la estrategia de sobrevivencia de su presa, y la víctima tiene que saber cómo defenderse de sus enemigos en una lucha constante, desarrollando estrategias impresionantes.

En este documental llamó mucho a la atención un pescado plano que estaba camuflado del color de la arena. Solo se levantaba para atacar cuando una presa se acercaba inadvertidamente a él, pero ya su enemigo lo sabía y estaba al asecho esperando que se descubriera de entre las arenas para atacarlo; entonces era comido ante de que él se comiese a su presa. Palabras del comentador: «*si yo fuera pescado en el mar, no dormiría*». El sueño es el momento más riesgoso para ser comido por el pez más grande o más habilidoso.

No se sabe si es la lucha de mar o tierra la que toca vivir en la sobrevivencia por el Sueño Americano. Pero si no se duerme bien, no importa el lugar—mar o tierra, no se puede soñar claro—. Si no se vive bien, no se puede ser feliz; si no se es feliz, la vida, en la mar o en tierra, se convierte simplemente en una ardua lucha de sobrevivencia.

Buscando o siguiendo el Sueño Americano, es común encontrarse con el enemigo—el pescado camuflado—que te traga antes de que tú agarres tu presa. Así es la realidad en la conquista del sueño: es muy fácil quedar atrapado más allá de la panza de un pez en el mar, en el estómago de ese gran sistema, que convierte los sueños de la gente en una feroz lucha de sobrevivencia.

Es traumático ver cómo lucha y sufre la gente en trabajos que no le permiten tener lo básico para sostenerse. Viven por debajo del nivel de pobreza en un estado infrahumano insospechable, con miedo a todo—al empleador que los puede dejar sin trabajo en cualquier momento, al casero que los puede desalojar si no pagan el alquiler a tiempo, a la migración que los puede deportar si no tienen sus papeles en regla o si cometen cualquier infracción, no como delincuente, sino como cualquier error humano—. Es un verdadero horror vivir situaciones humillantes sin alternativa.

Esto no encaja dentro de la reputación del Sueño Americano. Aquí al que se duerme no solo se lo lleva la corriente, sino que termina de aperitivo por el pez más grande, casi siempre por esa gran ballena que con su nadar suave y profundo sorprende a todos en un gran sorbo de agua, tragándose todo aquello que está a su alcance o alrededor. Cuando se sueña con el Sueño Americano, hay que descifrar muy bien para ver qué clases de peces salen en la pecera o en el mar, sin olvidar nunca que, si se vive con miedo y zozobra, se pierde el sueño. Entonces, ¿Cómo soñar?

Descifrando y siguiendo un sueño: A la mayoría de los seguidores del Sueño Americano les pasa como aquel famoso cuento que va de generación en generación, «*Alicia en el país de las maravillas*». Siguiendo un sueño, aquella niña va curiosamente detrás de un conejillo blanco e inofensivo; tras él entra por una estrecha puerta que la lleva a un mundo desconocido llamado: "El país de las maravillas".

Aunque es maravilloso, no es su mundo. Todo es hermoso pero muy pequeño para ella. Al cumplir todas sus curiosidades, quiere regresar a su mundo, pero no encuentra aquella salida angosta por donde había entrado.

La gente no sabe ni cómo ni cuándo regresar y el camino se va poniendo más estrecho con los años. Se resignan al no poder volver atrás. A algunos les parece una maravilla la tierra de los sueños, pero no es su mundo. Muchos ni siquiera se dan cuenta del precio que están pagando; otros simplemente comparan y escogen al verse sin alternativa. Algunos logran sus sueños; muchísimos despiertan sin nada y prefieren no recordar ni mirar atrás para no ver en lo que se ha convertido su sueño. Muchos lo dan todo por perdido—no quieren o no pueden recomenzar—y otros ni siquiera se dan cuenta que tienen otras opciones.

Hay que tener dominio de los secretos de interpretación para poder descifrar y entender las diferentes razones por las que se sigue buscando incondicionalmente esa fortuna escondida en los suelos de los sueños. No se puede negar lo que es una realidad innegable: la falsa percepción que se tiene del Sueño Americano. Se arriesga un capital muy alto, y cuando se pierde, no hay manera de recuperarlo.

La gente ve como se les van de las manos aquellas cosas que van perdiendo y que saben que no recuperarán nunca, no porque no hayan luchado, sino porque sencillamente en la vida hay cosas irremplazables una vez perdidas—no se recuperan jamás—, como lo son la vida misma y tantas otras cosas que se exponen detrás de este sueño. Casi nunca saben por dónde comenzar a buscar todos aquellos valores cambiados o dejados por un tesoro lejano y escondido. Se pierden por rutas equivocadas porque el mapa de llegada está lleno de tantas claves complicadas que no se saben interpretar y van a parar al lugar menos esperado, dándose cuenta al final que están más lejos del lugar buscado que cuando salieron. Al final, ven que están sencillamente perdidos en el país de las maravillas con sus puertas cada vez más angostas.

Realmente, ¿Qué hay detrás de la realidad del Sueño Americano? Dicen que una vida de triunfo, logros, fortuna, mejor futuro, y solidez económica: una mejor vida. Pero, ¿Se vivirán con dignidad los sueños secretos que se llevan dentro?

La vida es como matices de cosas importantes y misteriosas a la vez. Así como la naturaleza necesita mezclar los gases con la luz para poder pintar el horizonte bello de cada atardecer, el ser humano necesita de ciertas cosas básicas para poder vivir una vida de calidad como persona. Necesitas los valores que tarde o temprano son la mejor satisfacción que tiene un ser humano, lo que vale la pena para que no pases por este mundo desapercibido y para dejar legados constructivos para tus hijos y las generaciones futuras. Pero si lo apuestas todo y no aciertas al premio, entonces te quedas en la ruina.

Puede ocurrir que logres encontrar el tesoro, pero no lleno de las expectativas esperadas, porque no es un cofre lleno de monedas de oro. Entonces vienen las desilusiones porque no es lo que buscabas. Las demás cosas pierden su valor cuando miras con los ojos dorados; solo puedes ver el brillo del metal. Cuando buscas lo más, pierdes lo más esencial en la vida, entonces te das cuenta que, aunque el cofre de la fortuna esté lleno, no alcanza para pagar el costo de las deudas. Si tan solo te dieras cuenta que hay tantas fortunas a lograr y tantos sueños hermosos que disfrutar.

La interpretación de una vida de calidad es igual que los sueños, que dependen de quién los tenga y quien los interprete. La calidad depende de la persona: lo que quiere y busca en la vida. Casi todo coincide en que si no aceptas lo que eres y valoras lo que tienes, jamás puedes ser feliz, y si no eres feliz, no sabes de fortuna.

En el país de los Sueños, hay una tendencia muy fuerte a perder la calidad de vida porque se renuncia a lo primordial y, sin darse cuenta, la gente se convierte en esclavos de ellos mismos, en máquinas vivientes, en robots de un sistema acaparador. Son esclavos de sus propias exigencias, comprando o aceptando sin darse cuenta las cadenas que los atan—no en los pies, sino sicológicamente; sus ruidos son el efecto de pensar y su peso el efecto de actuar—. Van dormidos, confundidos, sumergidos en aquellas esperanzas que nunca llegan mientras el tiempo pasa y se termina todo, porque, aunque quieran esperar por esa felicidad, ya no es posible, quedando el tiempo como heredero porque este no envejece.

¿Será bueno o peligroso soñar cuando la imaginación excede la realidad? Se puede coger el riesgo de vivir una gran desilusión, perder la motivación, la fuerza que impulsa para perseguir y lograr los anhelos en la vida. En la tierra de los sueños, es común imaginar cosas que exceden la realidad: un excelente porvenir—las manos llenas de dólares que remuneran o multiplican sus inversiones, a través de los cuales todo será posible—logrado por medio de un buen trabajo o cualquier otra vía. Así se crea en la imaginación el paraíso que Dios les quitó a Adán y a Eva: una vida donde todo hay en abundancia y queda para ofrendar.

Siempre es bueno revisar por qué los sueños tienen mensajes figurados, averiguar qué hay detrás y—muy importante—saber cómo interpretar un sueño para obtener un claro augurio. Hay un dicho que dice que cuando las cosas se ven tan buenas hay que averiguar, porque en la realidad casi siempre son muy diferentes; exactamente como en los sueños, nada es igual. ¿Entonces será bueno soñar? Sí, es un poder que da fuerzas motivadoras, pero hay que mantenerse dentro de cierta realidad sin llegar a la fantasía, porque las fantasías son solo eso: fantasía. Antes de volar con las alas de la imaginación, es importante que pises firme en la tierra, preguntándote si vale la pena levantar vuelo y así dejar un suelo firme por un espacio vacío—sobre todo si solo tienes un par de alas débiles para sostener un vuelo sobre un inmenso mar o desafiar el vacío—.

Los Cerezos De Un Paraíso

Hay unos hermosos cerezos en los jardines de la casa blanca, donde los turistas y visitantes se deleitan con el paisaje. Son simplemente hermosos en cada primavera. Los artistas—aficionados y famosos—desplazan sus pinceles tratando de plasmar en el lienzo lo que ven sus ojos. Sin embargo, hay otros cerezos que el tiempo ha madurado—no solo se pueden ver en cada primavera, sino en cada estación del año—y que nadie quiere exhibir y mucho menos pintar: la cara triste y desconsolada de un anciano solitario sentado en un duro banco de un recreador. Los parques se convierten en refugios de ellos; como agua de ríos buscando la fortaleza del mar, así buscan compañía los ancianos para no sentirse solos dentro de las multitudes. Los ancianos: cerezos maduros del paraíso familiar…

Como corriente de agua mansa, la soledad los lleva lento y muy despacio a donde saben poder ver pasar a la gente. Se arriesgan a la indiferencia de cuantos pasan en su alrededor porque, como cerezos en invierno—han perdido el resplandor y ya no pueden inspirar sino a un corazón piadoso—nuestros ancianos lo han dado todo; hasta sus sonrisas se han perdido, y sus caras se han convertido en paisajes de soledad. Lo perdemos todo—hasta la capacidad de amar—al no poder conservar el paisaje de los cerezos en el rostro de los ancianos. Da miedo imaginar qué sueña un anciano dormitando en un duro y solitario banco en las calles de la tierra de los sueños. Ellos que se merecen todo: el respeto que se han ganado, el amor que han cultivado y el honor que han conquistado.

Para dormir, es bueno tener una cómoda almohada que acomode tu cabeza; para soñar, una gran ilusión que te saque de la realidad a ese mundo fantástico de ficción en que vuelas sin alas y caminas sin pies, donde duermes sin cama y te levantas sin amanecer. Ininterrumpidos son los sueños porque te acomodas muy bien y no quieres abrir los ojos porque podrías ver muy bien la realidad que ignoras porque no quieres ver dónde está y lo que puede traer el amanecer.

El retiro significa irte ya porque has terminado una jornada y quieres comenzar a disfrutar los beneficios de una vida de trabajo, mirando atrás, recogiendo los frutos cultivados, etc. Pero ocurre tristemente que la espera para la cosecha se convierte en un suplicio cada día porque vas sin descansar, apurando en el camino para terminar lo que hace años comenzaste. Apurado, sin tener en cuenta que son los años de tu propia vida lo que quieres ver pasar tan muy rápido. Cada día que pasa te acerca más al final en ese deseo de terminar; por eso es tan importante vivir cada día con lo que trae y lo que hace. Tristemente, la realidad enseña lo contrario: muchos no viven; solo quieren terminar y tirar la carga que se torna pesada y muy incómoda.

Tal vez están conscientes de que caminan hacia el final y prefieren el dicho aquel que dice: «*carga pesada, tirarla rápido*». ¿Por qué la rapidez que lleva al cansancio, al descontento y a la desesperación? Las jornadas deberían ser parte de una vida productiva que produce la satisfacción de ser útil en la sociedad sin importar los años. Deben entender que lo que hace cada día es parte de la misma vida—y que en verdad es lo que hace la vida interesante—pero viven cansados, estresados, negados y apurados, deseando que todo termine rápido, aunque esto signifique el final de la existencia misma.

No son felices, propiciando un retiro apurado en el que casi siempre la mayoría tiene que enfrentar una silla de rueda, bastón de mano, o enfermedades degenerativas que no le permiten disfrutar de ese deseado retiro. Entonces, en semejantes condiciones, no se puede disfrutar del bienestar de un buen descanso, cosechar los frutos sembrados, o hacer cosas nuevas y refrescantes para cambiar años de rutinas.

Letanía: «*me estoy poniendo viejo, ¿Cuántos años me faltan? Retirarme ya quiero porque enfermo me encuentro*». Son algunos de los lamentos comunes de la gente que vive con profunda ansiedad, angustiados porque están cansados, con la esperanza de poder tener un respiro. Viven sin descansar y sienten la asfixia, viendo muy cerca otro final, pero parece no importar, pues solo quieren que los años pasen rápidos aunque estos se lleven la vida. Parte de las letanías diarias son las cuentas de los años sin notar que alguien a quien le faltan diez en vez de cinco puede estar más cerca de algún inesperado final. En el afán de terminar con una vida agobiante de trabajos y sacrificios, cuentan el tiempo impacientemente, olvidando que el tiempo pasa y con él también la vida. Seguir ya no pueden, y pensar mucho menos. La inconciencia los ayuda—qué bueno, porque recordar no quieren, y buscar en el pasado no les trae buenos recuerdos de lo que comenzó ayer quizás como un gran sueño—.

Quisieran parar el tiempo porque cansados ellos están; quisieran detenerlo porque contando ya van. Quisieran que llegue el viernes y que quede el lunes atrás, que llegue el jueves y que quede el martes atrás. Pero el lunes siempre vuelve para hacerlos comenzar de nuevo, llevándolos a la rutina y al trabajo esperan siempre el viernes para poder descansar. «¡*Caramba! ya llegó el lunes. ¡Ay, caramba, caramba! ya llegó el lunes*». Se les hace imposible combinar la jornada y a la vez vivir, por eso no les importa si es de mañana o al amanecer.

Todo lo que yo no tuve: Todo lo que no tuvieron, a sus hijos quieren dar porque a sus años extrañan los juguetes que nunca pudieron tener. Eso da paso al síndrome del vacío infantil, devolviéndoles al pasado en las infancias de sus hijos. Bajo estos traumas y recuerdos, se cometen muchos errores con impacto negativo en la conducta y personalidad en las crianzas de los hijos. En el afán de la abundancia de cosas insignificanticas, pero que tienen valor material—los juguetes, por ejemplo—se gastan fortunas en los hijos, acostumbrándolos a pedir sin medidas y a desechar sin valorar, tratando de llenar sus propios vacíos. Sin darse cuenta, los padres acostumbran a los hijos a tener las cosas, sin enseñarles el valor de lo que cuesta adquirirlas, cultivando en ellos el desinterés de apreciación. Los hijos crecen sin darle valor a lo que tienen y reciben cada día sin ningún esfuerzo. Se vuelven personas exigentes y egoístas: «*todo está ahí; solo hay que pedirlo o tomarlo*».

Cuando se les enseña a los niños que todo en la vida cuesta—que hay que luchar por lo que se quiere—el resultado es diferente: aprenden a cuidar, a valorar lo que tienen y reciben, cultivan la generosidad y aprenden a ser considerados con sus padres y los demás. Son más responsables y conscientes del mundo en que viven. Aprenden a entender que las cosas no están siempre a la mano, que se necesitan esfuerzos y sacrificios para lograr lo que se quiere en la vida. Esto causa un impacto muy positivo: los niños se vuelven más responsables y juiciosos en todos los aspectos de su vida; se refleja hasta en el cuidado de sus juguetes. En la escuela, se esfuerzan por competir y ganar reconocimientos. Sueñan a ser bombero para un día comprar su propio camión, o a ser doctor para vengarse de su pediatra que le puso una vacuna en una visita médica.

Siempre tiene que haber una motivación, sea cual sea la razón, y eso solo se logra cuando se quiere algo que no se tiene a manos. Es un potencial que muchas veces se les quita a los niños, por el simple hecho de que los padres viven en los hijos momentos ya pasados, llenando sus propios vacíos: *«les daré a mis hijos en abundancias lo que yo no pude tener en mi niñez»*.

De esa manera, sin darse cuenta, los padres contribuyen a convertir a los hijos en personas inútiles que lo quieren todo sin ningún esfuerzo, acostumbradas a solo tener que pedir. ¿Cómo se consiguió? No tienen una idea ni les importa saberlo, porque al tenerlo todo a mano, pierden la capacidad de desarrollar el instinto de sobrevivencia y capacidad de lucha que muchas veces comienza con las pequeñas cosas en la vida. Es hermoso consentir y proteger a los que se ama sin cometer el error de la sobreprotección material que lleva a las pretensiones desmedidas, herencias del fantasma de la falsa riqueza del Sueño Americano.

Como un jardín sin flores sería el relato de esta historia, si se dejara de mencionar los retoños del árbol. Sensible es el tema porque hay que llegar al corazón de los niños y jóvenes adolescentes. Trabajando con niños, uno vive de cerca los traumas y conflictos de ellos porque revelan en sus comportamientos los diferentes vacíos y confusiones con que tienen que vivir y que resultan quizás de todos aquellos desequilibrios con los que tienen que lidiar sus padres en una cultura extraña. Aunque están ahí los niños, no fue por su decisión, sino por la buena voluntad de sus padres buscando un mejor futuro. Los niños así heredan la continuidad de los seguidores del Sueño Americano—sus inseguridades, pero también sus deseos de superación—. Conscientes de eso, darán lo mejor de sí mismos, por los sacrificios de sus padres y generaciones venideras para que el agua corra más clara en la segundas y terceras coladas y las generaciones futuras puedan contar mejor sus historias.

No pierdan su identidad, sea cual sea; no olviden lo que son ni de dónde vienen, vengan de donde vengan. Se puede perfectamente adaptar a una sociedad activamente sin dejar ni olvidar lo que eres. No es malo aprender de otro si no olvidas lo que ya sabes; no es malo dar si no lo das todo hasta quedarte sin nada. No es malo buscar más si guardas lo que ya tienes en un lugar seguro por si en la búsqueda no hay éxito, así al regreso, encuentras seguro lo que es tuyo de vedad—como las ardillas en los bosques que encuentran una nuez; si no les apetece en el momento, la entierran en un lugar seguro—. Sí, hay que tener muy buena memoria para recordar el escondite. Hay que tener en cuenta que en el país de los sueños hay que tener eso y mucho más para poder recordar e interpretar el Sueño Americano.

Las futuras generaciones tienen las oportunidades que ya han sido pagadas por los sacrificios de sus padres. Si sus padres se quedaron a mitad del camino porque era muy largo para ellos, termínenlo ustedes en su honor. No pierdan la visión muchos menos el camino. Rompan con el prototipo de que los emigrantes son o no tienen. Edúquense: es la llave que abre todas las puertas. Jóvenes y niños, acabar con la decepción escolar está en sus manos, aunque las trabas son fuertes de romper porque es innegable que les toca desafiar las peores batallas: escuelas sobrepobladas, maestros sin experiencia, salones de clases sin los utensilios necesarios para un buen rendimiento académico, y discriminaciones que hacen más largo el camino y más lenta la llega.

Aunque les toque lo peor del camino, solo hay que ponerse las botas más altas. Si se les pone la cuerda más alta que lo acostumbrado, solo hay que estar dispuesto a dar el brinco más alto. No pierdan el coraje ni la motivación, fuerzas impulsoras para lograr lo que se les proponga. Solo tienen que poner la carnada, ser paciente y esperar el momento adecuado para actuar. Sacar lo mejor de lo peor es una virtud que se puede cultivar y nace de la sobrevivencia.

Peleando por un sueño en una batalla de fuego cruzado, luchando por salir adelante en el campo de batalla, desarmada y enfrentando fuerzas de artillerías pesadas, ella se quedó sola con una familia por una de esas jugadas del destino, alerta ya sin bajar la guardia en ningún momento—una vez lo había hecho y fue traicionada por uno de esos cobardes que siempre van en el campo de batalla cubriéndose por el batallón del frente, pasándose al bando del enemigo al menor peligro o fuerte lucha—.

En esos momentos ella descubrió «*the other side of the American Dream*», el lado oscuro del Sueño Americano. Herida por los perdigonazos de la vida, se caía. Se levantaba muy débil y confundida, con frecuencia muy triste y miedosa a la vez, pero el brillo de la esperanza se imponía en sus ojos, dándole la luz que necesitaba en el camino a seguir. Cada día era un amanecer diferente con nuevos retos y desafíos a enfrentar.

La sensación de saber que nadie te cubre la espalda en la batalla hace la lucha más difícil porque sientes el vacío de la desprotección detrás ti. Miras adelante, viendo hasta dónde puedes llegar, con coraje y también con el temor de saber que en cualquier momento puedes caer por algún golpe inesperado, pero sabiendo que no puedes caerte porque eso significaría el derrumbe. Para ella, sus hijos eran los soldados valientes que comandaban en la lucha por conquistar el triunfo.

Le dijo un día uno de los hijos que quería ser un científico. No le sorprendió; los había entrenado para que volaran alto y no se limitaran en la lucha por su superación. De otras fuentes surgieron comentarios—*va a perder su tiempo; esas profesiones son para los blanquitos y los que tienen dinero*—frases muy negativas por su contenido discriminatorio y efectos sicológicos de inferioridad que causa entre las gentes. Pero ella le dijo:

—Si tú lo quieres, lo puedes lograr. Te voy a advertir con lo que te vas a encontrar y ese será tu reto: vas a tener que trabajar doble más que cualquier otro, porque tienes que demostrar de una forma innegable que eres capaz. Tendrás que confrontar miradas que te dirán que no perteneces a este lugar. Lo importante es que tú sepas a qué lugar quieres llegar.

Con eso en mente, el hijo comenzó la lucha tras su sueño, dándole la espalda al lado oscuro. No solo demostró que podía ser parte de su selecto grupo, sino que pasó a ser uno de sus instructores de su prestigiosa academia, un área tradicional y exclusivamente reservada para determinado grupo. Son extraordinarios los logros de aquellos guerreros valientes en la lucha por la victoria. No hay que intimidarse si están ahí, luchen con coraje y la espada de la motivación en las manos. No se avergüencen de lo que son y mucho menos de sus padres—ni de su acento al hablar otro idioma que no es el suyo, ni de su color que es parte del bello arco iris dibujado por la luz del sol después de la tormenta, y mucho menos de sus años que surcan el camino para sus llegadas—. Que sean ellos los cerezos que adornen su hogar, no solo en primavera, sino en toda estación; no los abandonen en un cuarto solo y frío de una casa hogar. Ellos no están preparados para eso; recuerdan sus tradiciones que son preceptos para ellos. Quieren vivir y morir en el calor humano dentro del seno familiar, lleno del fruto de sus esfuerzos y con sus raíces en su lugar. ¿No es eso un sueño hermoso?

Lo que se produce: No permitan que sus hijos sean el relleno o el último puñado de tierra que necesita el tarro para llenarse y producir mejores flores. Hijos descendientes, no se conviertan en ciudadanos de segunda y tercera categoría, con el prototipo sello de donde vienen; estas son las cadenas invisibles que atan sin que ustedes se den cuenta. Lo que hace la diferencia de cuán lejos puedan llegar es proyectarse muy seguro en la tierra de los sueños o en cualquier lugar. Esquiven los ataques psicológicos; que nadie les diga cuál es su lugar en la sociedad por pertenecer a determinado grupo.

Que nadie los encasille en la jaula de los prototipos raciales, que no se conviertan en la carnada que arrastra el pescado de la profundidad hasta la superficie para luego ser presa fácil para el festín. Es lo que pasa con el prestigio del Sueño Americano: la fama de sus fortunas prometidas—la carnada—es creíble y muy bien cotizado, por eso es fácil caer atrapado en su red. Las bonanzas son como una manzana cuyo olor te embriaga suavemente y su color rojo excita el paladar, pero una vez partida, ya no huele igual y su sabor no es tan exótico como promete su rojo intenso.

La migración es promovida a través de la fama y permitida bajo el manto de la hipocresía. No quieren entren los inmigrantes, pero les dejan las puertas entreabiertas: «*si entras, es tu responsabilidad; tendrás que dormir en el suelo y comer lo que sobre*». Los soñadores no se dan cuenta del juego peligroso al que apuestan, y en su euforia quedan atrapados en un ambiente nebuloso que no les permiten ver las cartas claras en el tablero. Al final, terminan creyendo que solo se merecen el pavimento frío y duro para dormir y que solo pueden comer cuando los demás ya están durmiendo sus siestas.

¿Por qué es tan difícil? ¿Por qué comprar una casa en la tierra de los sueños es considerado precisamente eso, un sueño y privilegio de algunos? Una casa—el hogar patrimonio y santuario familiar, lugar necesario para cobijar a los hijos—pasa a ser algo inalcanzable para la mayoría de los soñadores, quedando solo en los sueños, parecido a la ilusión de un día poder sacarse el gran premio de la lotería en la que las posibilidades son muy remotas.

Trabajas de sol a sol porque es considerado como un sueño el tener tu propia casa, algo inaccesible, difícil y hasta inalcanzable en las mayorías de las aspiraciones. A aquellos que se lanzan tras este sueño, se les convierte en una pesadilla mensual o diaria, hasta que sucumben en un colapso económico que los lleva a perder sus casas y con ellas el trabajo de toda una vida.

Es tan triste ver que la gente se pasa toda una vida como el gato que corre detrás de una mariposa en un jardín en primavera. Corre detrás de ella y al final, ya cansado, se sienta a seguirla solo con la mirada—quién sabe lo que pasa por su mente cuando de vez en cuando solo relame sus bigotes al verla volar, cerca, pero inalcanzable. Pero la gente sí sabe lo que sufre tratando de lograr algo tan difícil como esencial en la vida de un ser humano: el sueño de su casa, santuario familiar. La deuda que conlleva el tener su casa es como una brasa ardiente en las manos: tratan de soportar lo más que pueden, tirándola de una mano a otra, pero al final tienen que tirarla porque si no, les laceraría las manos.

Hay que tirarla, aunque los sueños se apaguen: Qué difícil es subir una montaña y qué frustrante ver que lo que llevas en las manos cae y rueda al fondo del precipicio, ver los sueños rodar hacia el fondo después de que has llegado casi a la cima. Quedan dos opciones: o seguir con las manos vacías, o bajar de nuevo al precipicio a buscar lo que has perdido, agarrarlo y comenzar a subir de nuevo, si las fuerzas te lo permiten.

Como resultado de muchos años de trabajo, esta pareja logró comprar la casa de su sueño en el país de los sueños. Según ella, estaban felices, viviendo su sueño, sobre todo al ver a sus hijos disfrutar en la comodidad de un amplio y confortable hogar. Describía su jardín, comentando qué lindo era ver las flores crecer y ver a los hijos juguetear y correr a la sombra de los árboles que habían plantados juntos. Al oírla, cualquiera habría sentido complacencia salpicada de un poco de su felicidad, sobre todo cuando mencionó las flores de su jardín que tanto le gustaban.

Lamentablemente, su felicidad le duró muy poco: cinco años después, perdió su casa y con ella el trabajo de toda una vida. Cayó al fondo del abismo todo lo que tenía en sus manos, llevándose consigo el sueño de su vida y el futuro de sus hijos. Su tristeza provocaba impotencia en su amiga, que solo le pudo decirle que tratara de no perder su casa, que luchara, que buscara opciones como un socio por ejemplo y que compartieran. En su desesperación, la mujer se quedó pensando y dijo que no había visto esa posibilidad, pero ya era muy tarde.

Se despidieron y nunca se volvieron a ver; ojalá que no haya tenido que bajar al fondo para comenzar a subir de nuevo esa empinada cima. ¿Por qué tan alto el precio? Al extremo de convertir a la gente en esclavos de la misma oportunidad que persiguen. Como esa familia, son muchísimos los que sufren el revés del otro lado del Sueño Americano. Allí hay que pensarlo todo sin perder jamás el tino, para no caer en la ilusión de un sueño mal interpretado.

Atrapados en la pesadilla de un sueño, claman a gritos desesperados con movimientos bruscos, tratando de despertar y escapar de la experiencia que están viviendo. Casi siempre los alaridos atraen la atención de otro, quien les ayuda a volver a la realidad y a despertar, aunque para eso tenga que darles una fuerte bofetada en el rostro (curiosamente, es la única bofetada que no lleva al reclamo de la agresión correspondida). Hay que dormir para poder soñar, y hay que seguir para poder llegar, aunque no se sospeche que no es fácil aparejar el burro para que otro lo monte. Se van contando los pasos uno a uno sin poder galopar. Se llega tarde y muy cansado, sin la visión para ver, ni la fuerza para caminar, quedando atrapado en una pesadilla con un despertar violento, en soledad deprimente donde todos ya se han ido y todo ha terminado.

Soñar sin que te coja el día: es un hecho que no hay nada como las experiencias vividas para guiar y señalar caminos. Las experiencias dan seguridad y certeza porque habla la propia vivencia. Se aprende y se crece con la paciencia de la observación de cualquier cosa por simple que sea; la diferencia la hará cómo se interprete. En la ciencia de las interpretaciones de los sueños es igual: hay que observar todos detalles sin importar lo pequeños que sean. En las pequeñeces se esconde vasta sabiduría; hasta la simple sonrisa de un niño te enseña grandes cosas si sabes comprender su mirar. Si tomas la caída para aprender a levantarte, te pondrás de pie. Si no puedes ver la salida del sol, seguro que verás el ocaso en un buen atardecer.

Que y despierten todos aquellos que han perdido las esperanzas y han dejado de soñar; que conserven la semilla de la ilusión de seguir luchando de pie, un poco más alertos. Como el místico en meditación, que le den la bienvenida al sueño sin despedirse del sol, dormitando siempre muy alertos, sin dejar que les domine el sueño. Si no saben, hay que preguntar una y otra vez hasta entender, imitando, si es posible, a los niños. Busquen; no hay que conformarse con no encontrar. Aquí hay que saber robarle los huevos de oro al pájaro encantado, y para encontrar el nido hay que estar bien despierto y seguir el águila hasta la misma cima, para luego soñar bien profundo y a salvo.

Una de las razones por las que se atascan en el barro pegajoso y no pueden seguir es que les pasa igual que en los sueños. Sueñan y no recuerdan lo soñado, y si lo recuerdan, no pueden interpretarlo. Es exactamente lo que pasa cuando llega uno al país de los sueños:

casi nunca se sabe el significado de esa búsqueda, el precio a pagar, dónde está y cómo conseguirlo. Se pierde en el camino tomando rutas equivocadas y entonces el precio se multiplica. Por eso, es importante saber la diferencia entre lo que significa calidad y cantidad. Sin esta visión, se puede cometer el error de cambiar lo que se tiene por un poco más, arruinado la calidad de vida que es lo que debería importar.

Puente Para Que Otros Pasen

Cuando el sendero tiene tantas vías de llegada, es común que te pierdas en el camino por las confusiones de salida o la ruta escogida. En el país de los sueños, consciente o no, te conviertes en la hamaca en la que otros tranquilamente sueñan y hasta se dan el lujo de hamaquearse placenteramente, concibiendo el sueño de su vida.

Muchos se convierten en puentes para que otros crucen sin mojarse los pies, similares a los pilares de acero dando paso a los pasos de otros que casi nunca miran atrás para ver por dónde cruzaron, ni reconocen los hombros que soportaron el peso. Los sacrificados se olvidan que también cuentan, y cuando quieren cruzar el puente, las neblinas han oscurecido el cruce de aquellos pilares de aceros, corrompidos lentamente con el pasar del tiempo. Pero siguen soñando en ese letargo sin pensar que la noche va a terminar, y cuando despiertan, solo ven en la mañana las gaviotas y las siluetas de aquellos que ya pasaron y atrás nunca miraron.

Canjeando los sueños. Migración: tema de conversación de ayer y hoy en las calles y medios de comunicaciones. Emigrantes y no emigrantes, todos hablan los mismo; es un tema social apasionado por sus controversias. Son tantas las historias, tragedias y realidades que se siente una curiosa atracción al tema. Algunos casos más que otros llaman a la atención por sus connotaciones trágicas o curiosas. Noticia del día: un hombre pierde sus dos piernas en su travesía al norte; el león rugiente de los rieles lo mutiló. Cuando él trataba de abordarlo clandestinamente, se convirtió en su trampa mortal. No pudo llegar a su destino y años después lo intenta de nuevo por otra vía—sin sus piernas, en silla de rueda—esta vez con un sueño diferente: poder volver a caminar, pidiendo la ayuda de algún caritativo que le done una prótesis, para lograr ahora su nuevo sueño de volver a caminar.

Curiosamente, busca lo que ya arriesgó y perdió un día detrás de aquel sueño que ahora se convierte en uno nuevo: sus piernas para volver a caminar. Pagó un precio muy alto al dejar de caminar. Ellos arriesgan sus vidas; vivos, dejan de vivir porque renuncian a todo y a todos, cambiando lo poco seguro por lo mucho inseguro. Sueña, pero hazlo despierto y con una buena dosis de realidad que te alerte. Cuando se sueña dormido, casi nunca se puede descifrar el significado, y las fantasías oscurecen los augurios. Descifrar y entender es la clave de todo soñador para poder tener más aciertos y decisiones en el azar al apostar. Sé listo al comparar; no mires la cantidad, sino la calidad, no como niños que solo ven el volumen sin poder calcular la capacidad.

El Sueño Americano es dulce para aquellos que lo logran de una manera placentera, agridulce para los que con lágrimas y sacrificios logran lo buscado, y amargo para los que con dolor viven sus pesadillas entrando por la puerta que los lleva al otro lado del Sueño Americano, llegando hasta el espanto de encontrarse con la otra cara.

Sueña despierto para que no te coja el día antes que amanezcas, porque si no, solo te quedarán los lamentos de decir: «*es muy tarde, perdí el tren; ya no puedo volver atrás*». La gente se lamenta diciendo que no tiene nada ni tampoco a nadie. No saben qué hacer, porque han entregado toda su vida sacrificándose por alguien o por algo. Han trabajado y no tienen nada; han dado, pero no reciben nada. Las manos vacías no reflejan los frutos y la soledad la dedicación, lo que lleva a la pregunta: ¿Valdrá la pena?

Un joven emigrante inteligente con muchas aspiraciones observa, y luego dice que ahora entiende por qué la gente se pasa años o la vida entera trabajando y no puede salir del círculo de la pobreza. Estas personas viven por debajo del nivel de pobreza que va ahogando los sueño; no sienten un fresco respiro en el diario vivir. Es como tener la cabeza dentro de una bolsa de aire que te permite respirar temporalmente, pero el oxígeno se va agostando poco a poco hasta llevarte a la asfixia. Viven en la espera de ese cheque que les traerá esos pocos dólares, pero no les alcanza para cubrir lo básico para sobrevivir. El abismo económico es cada vez más hondo, llevándolos al estrangulamiento económico que los ahoga en un mar de estrés y desesperaciones, originando una cadena de males físicos y sicológicos que los golpea hasta el derrumbe, dando paso a las pesadillas de su vida—todo por un sueño mal interpretado en los E.E.U.U—. Teniendo que dedicar todo tiempo y pensamiento a la sobrevivencia, no viven. No pueden descuidarse; están en tensión todo el tiempo. Esta tensión los lleva a caminos de opresión, libres de cadenas físicas, pero acorralados en un sistema donde todo está hecho a manera de un jardín en crucigrama, donde todo se ve muy excitante, pero al comenzar a caminar se van perdiendo poco a poco en su laberinto. Confundidos, dan vuelta y vuelta, al final se dan cuenta que están perdidos en el mismo punto de salida. Entonces, si tienen el interés o voluntad de comenzar de nuevo en otro intento por encontrar la salida, se quedan en el camino; otros se cansan de luchar dándose por vencidos o quedándose perdidos.

Cuando trabajan y trabajan y no pueden recoger porque tienen más de un patrón contabilizando las horas de sus trabajos antes que ellos, se dan cuenta que son como niños vendiendo caramelos: «*esto fue lo que vendiste; esto es lo que te queda*». Las cedaceadas siguen hasta el último centavo—en realidad, cada vez que gastan un dólar siguen restando, siguen pagando. No saben en realidad cuánto les queda de su dinero en valor. Por lo menos el niño que vende caramelo sabe lo que recibe cuando le pasan cuenta. Allí, cada vez que extienden las manos con un dólar, siguen pagando y a la vez restando en ecuaciones interminables. Es un país con un sistema parecido a un laberinto donde se esconde la puerta de salida al jardín de los sueños, así manteniendo las multitudes en el mismo punto de salida.

¿Cómo vivir así? Una familia separada, como miles de emigrantes en la búsqueda del Sueño Americano. En lamentos públicos, unos padres lloran angustiados después de 16 años sin ver a su hija. «*No quiero morir sin verte, hija*», implora una madre; el padre no llora, pero tiene el rostro tenso, aguantando unas lágrimas que no quiere dejar salir. «*Hija, te quiero mucho*». Eran sus únicas palabras como si se estuviera despidiendo de ella para siempre—y probablemente así era porque no había ningún plan inmediato para reunirse, solo lágrimas y renovadas despedidas, más la noticia de un abogado que decía que no había esperanza de solución a su caso de migración—. Del otro lado de los que estaban en la tierra de los sueños, se sentía una calma ahogada entre la impotencia de una familia que no podía hacer ninguna promesa de regreso ante la súplica y llanto de sus ancianos padres desesperados que añoran unos nietos que quizá no conozcan, unos hijos que quizá no se vuelvan a ver.

¿Valdrá la pena el sacrificio de una vida supuestamente mejor, pero cargada y plagada de dolor, donde el pago es renunciar a todo lo que tienes y a todo lo que eres? No todos los casos son iguales; hay unos peores que otros dentro de las realidades del Sueño Americano donde las tragedias ocurren porque se justifican detrás de la puerta de las necesidades o ambiciones. Este sueño existe para algunos, pero para muchos es un canjeo desigual que los pone en desventaja. Sin duda, es muy costoso y lo que reciben en valor jamás iguala los costos.

Son muchos los que viven bajo la sombra del otro lado del Sueño Americano. La otra cara de la moneda no es verde como aparenta ser, pero tan grande es su reputación que la gente la busca sin que importen las consecuencias. La desean—los atrae como imán— lanzándose al vacío sin asegurarse que los paracaídas les abran para que no se estrellen en el pavimento de la realidad. Por eso solo se oyen los alaridos, el llanto, y los clamores desde el fondo del precipicio donde caen, o en todo caso desde muy dentro del corazón. Los lamentos de los arrepentimientos de una noche haber soñado y de un día haber tomado el camino hacia el norte, dejando atrás lo que son por lo que quieren ser, lo que tienen por lo que quieren tener.

Los miedos que generan las inseguridades en las calles de los sueños: mirando solo por las hendijas de las puertas bien cerradas, no ven nada, ni oyen nada, tampoco saben nada; son mudos y sordos. Es indignante el silencio que se hace cómplice de los delincuentes. Bajo esa sombra, todos se sienten seguros para cometer sus fechorías porque el miedo lleva a las gentes a no saber nada y a caer en los encubrimientos por temor a represalias.

La gente se vuelve ciega, muda y sorda ante los atropellos y abusos de los agresores; no se delata a un victimario por miedo a pasar a ser víctima. Ese sentimiento ha pasado a ser una regla en la sociedad para protegerse a sí mismo. Sin embargo, la causa no es siempre el miedo; en estos comportamientos también juega un papel importante la insensibilidad que se apodera de los corazones de la gente a quien no importa nadie. Es común apurar el paso ante un atropello o incidente público para no saber nada ni oír nada. Mirar por las hendijas de las puertas y hacer silencio detrás de las puertas es común—no importa lo que oigan; no importa lo que vean; no saben nada—. La palabra «*auxilio*» pierde su significado cuando el cerebro la registra con el miedo y el instinto de protegerse a sí mismo.

Hay que seguir produciendo: Los abuelos se calientan al sol como gallos en trabas preparándose no para la pelea, sino para sobrevivir después. Así se ven ellos frente a los edificios, casas y parques de recreo, en sillas de ruedas o sentados en un banco duro de un parque, con frecuencia solos. No van a los centros comerciales, a la disco, tampoco a trabajar, pero siguen produciendo en un sistema que mantienen activo a través de sus enfermedades y limitaciones. Su dinero se tiene que gastar; tiene que circular sea como sea, venga de donde venga, bien sea a través de los hospitales, medicinas, médicos o cuantos programas se les ocurran.

El tema es muy escurridizo, tal vez como el mismo sistema que lo diseñó y maneja. Hay que vivirlo y observarlo de cerca para por lo menos sospechar, y luego hay que seguir en atención para poderlo comprobar. Es una rutina de ingresos que tiene que continuar a través de los seguros médicos y otras actividades. Los seguros solo pagan los medicamentos baratos e inservibles que, en vez de curar, crean dependencias peligrosas y efectos secundarios devastadores; no son efectivos y con su prolongado uso lo único que consigues es pretender un bienestar de salud que nunca llega. Esto conlleva a más medicamentos y largos tratamientos, casi siempre con daños secundarios permanentes: comienzas con un malestar y al pasar el tiempo terminas con unas series de males; empiezas con una pastilla y en poco tiempo te encuentras tomando un coctel de medicamentos. Sin duda, los ancianos y sus achaques son buenos candidatos para descongelar corrientes de intereses pasivos.

Una joven, a raíz de unos fuertes dolores de cabeza, fue a parar al quirófano, pero luego de una cirugía y un segundo diagnóstico resultó ser una migraña severa. Fueron tantos los medicamentos innecesarios, que terminó con ulcera y reflujo estomacal. La joven pasó varios años sin mejorar y ya estaba cayendo en la desesperación por las complicaciones de segundo efecto a los medicamentos; ya estaba sufriendo no solo un fuerte dolor de cabeza que continuaba después de su operación, sino también un desagradable dolor de estómago ocasionado por los medicamentos.

Comenzó a investigar fuera de lo convencional, y una conocida señora, oyendo sus quejas le dijo que había tenido ese mismo malestar y con esas pastillas x se curó: «*dile a tu doctor que te cambie el medicamento*». Así lo hizo la joven en su próxima visita médica. El doctor la escuchó sin hacer comentario alguno, le prescribió la receta, dejándole segura de que había hecho el cambio en su tratamiento. Cuando fue a la farmacia, el doctor no le había cambiado el medicamento y así recibió el mismo medicamento de siempre. Reclamó al farmacéutico, que contestó que tenía que decirle al médico que le cambiara el medicamento. Entonces, la joven se dio cuenta que el médico la había engañado; le había indicado la misma medicina que ella sabía que no le estaba ayudando, no solo por sus quejas, sino por su experiencia.

Próxima visita:

—Me siento cada vez peor—le dijo a su médico.

—Te voy a cambiar el medicamento—contestó él.

—Pero el farmaceuta no quiere cambiarla—replicó ella al doctor.

— Ahora te la van a cambiar; ve a la farmacia.

Efectivamente, así fue. Recibió el nuevo medicamento para dos meses: ya al mes dejó de tomarlo porque se sentía muy bien. Preguntas: ¿Por qué tenía tres largos años tomando ese medicamento y estaba cada vez peor? ¿Por qué el médico se negaba a darle el medicamento que él sabía que la podía curar? ¿A qué obedece todo esto? ¿Por qué una enfermedad te conlleva a la otra, y luego necesitas, en lugar de una o dos pastillas, ocho o diez a la vez? ¿Por qué, por qué? ¿Qué hay detrás de todos aquellos medicamentos experimentales que se le dan a la gente sin su consentimiento, y cuando llevan cierto tiempo en el mercado, se lo sacan, pero ya han causado suficientes estragos, como para que comiencen los ataques al corazón, derrame cerebral, y canceres? Por lo general, aquí entra la industria de las demandas por daños o perjuicios que genera dinero para los abogados y demandantes. Lo peor del caso es que los clientes o demandantes se ponen felices al ganar una demanda y con eso un poco de dinero, pero con la inconciencia de no poder darse cuenta que han sido el instrumento: ese dinero lo han pagado con su salud perdida que les puede costar su propia vida por los irreparables daños causados. Como dice el dicho, ahí hay que generar dinero, no importa lo que se venda ni lo que se compre, ni la causa ni el efecto para lograr que se siga produciendo.

En la tierra de los sueños, como pájaros heridos, los ancianos quisieran levantar vuelo, pero los mata la angustia al saber que ya no pueden. Como águila quisieran volar alto hacia ese horizonte que tal vez ya no pueden ver porque sus ojos lejos ya no pueden mirar ni sus piernas firmes caminar, pero sus corazones laten, y sus quejidos al cielo pueden llegar.

El desamparo que lleva a descubrir la cara de la pobreza en uno de los países más ricos del mundo: no es fácil describir esa realidad porque hay tantas razones diferentes que llevan a ella, sin importar cuánto dinero tengas, y todas culminan o llevan al mismo resultado— una vida precaria llena de limitaciones de afectos y soledad—. Muchos caen en la pobreza; otros ya están ahí; algunos la perpetúan bajo un círculo interminable de resignación, en escenario de caras tristes, angustia, harapientas imágenes, piel pálida y desnutrida, estómagos vacíos, labios partidos y sedientos, piel lacerada y mal oliente, y miradas perdidas y suplicantes, a veces violentas o resentidas. Lugar no tienen donde descansar; el zafacón de basura es la mesa donde van a buscar las sobras que el saciado depositó allí al pasar. Con la esperanza perdida y motivación escondida, lo han tenido todo o quizá nunca han tenido nada. Viviendo caminos encontrados y sendas repetidas como remolino, balbuceando palabras porque sienten ahogarse al respirar poco aire, con sus manos extendidas buscan aferrarse, pero corto es su alcance y no logran agarrarse.

Terminan arrastrado por la corriente, sumergidos en las aguas, ahogándose en el remolino en el que gira su vida y como círculo vicioso la fuerza los atrae al fondo de los abismos, donde lloran de impotencia con torrentes lágrimas grises que nublan los ojos y dan un sabor amargo de realidad amarga a labios.

Quizás nunca han tenido nada o lo han perdido todo. Como décima cantada es mejor, describir la noticia que anuncia *The Starving, Hungry place*: New York en primera plana, donde la bolsa se estira y se rompe por pesada porque las monedas corrompen su fondo, como caudal de ríos que sus aguas no aguantan. Como sueño en noche de tormenta, debe de interpretarse la riqueza en contraste con la pobreza que lleva al desamparo de los genuinos tesoros.

Caída sublime que conduce al vacío al no poder darse cuenta que ha caído. Dos amigos, un abogado y los reclamos de su amigo después de meses viviendo en su casa y no aportaba ni siquiera para su consumo personal. Su frustración lo llevaba a tomar diarios con sus amigos fuera y dentro de la casa siendo eso parte de su deserción, a la vez seguía aprovechando la caridad de su amigo que lo invitó a probar fortuna en el país de los sueños. Él le reclamaba que no trabajaba ya no podía ni quería seguir manteniendo, contestando el huésped: "Busco trabajo, no encuentro, si lo encuentro no es lo que yo hago, no es mi profesión; soy licenciado en leyes en mi país yo no voy a lavar platos". El amigo lo aconsejaba de cómo salir adelante porque ya su amigo había perdido la noción de su verdadera realidad en la tierra de los sueños. No es justificable su actitud de derrota, pero estas son algunas de las razones y vías que conducen a la miseria quizás por la frustración de descubrir el lado negro del Sueño Americano que no siempre es verde como lo han pintado.

Sacrificios Comunes

¿Quién no sabe de una historia de los sacrificios que se llegan a hacer por los beneficios del Sueño Americano? Una pareja de jóvenes emigrantes sin sus papeles en orden, tuvo un romance y nació una criatura. La joven madre, en su desespero al verse sin alternativa, le pidió al padre de su hijo que le permitiera regresar a su país con su hijo al lado de sus padres, que le ofrecían su apoyo para que regresara a casa, a su país. Ella no podía trabajar al no tener sus papeles en orden y con un niño en brazos. La miseria se estaba apoderando de ellos, llevándolos a la desesperación. En su sobrevivencia se sentía muy sola porque su familia estaba lejos. Desesperada, buscaba la protección de sus padres, queriendo regresar con lo suyo con su hijo en brazos, siendo esto lo más natural y razonable para una madre. Alegó el padre de la criatura que ella tenía que quedarse para que el niño no perdiera sus beneficios de ciudadano: «*no me voy y no te vas a llevándote mi hijo*», decía el padre.

Qué mentalidad tener hacia una joven mujer que no encuentra salida y describe los beneficios que al regresar a su país tendría, con la protección de sus padres en diferentes aspectos para ella y su hijo. ¿Por qué no pensar en el bienestar de todos como familia y personas a la vez, no en el beneficio que podría tener uno en un futuro momento? Ellos eran una pareja joven con una vida por vivir y que podían vivir juntos, fraguando el futuro de su hijo, sin convertirse en puente para que otros pasen. Pero así se aprende que el sacrificio es la moneda con que se paga el Sueño Americano y que el sacrificar a otro es normal.

El que se va y el que se queda: ¿Qué serán las esperanzas del que se va en busca del sueño y las esperanzas del que se queda esperando el sueño? ¿Serán hermanas? ¿Serán verdes o tendrán diferentes matices? Las experiencias del que se va y las expectativas del que se queda son dos maneras de soñar, dos maneras de lograr, dos maneras de vivir. ¿Podrán tener un común final? ¿Está conectado el uno al otro? Renuncia y olvido, triunfo y alegría, fracasos y desilusiones, esperanza al esperar, promesas y decepciones, un adiós, un te espero, un mañana, un reencuentro que quizá nunca llegue…el que se va y el que se queda, el que dice adiós y el que espera, uno allá y otro acá con la distancia como legado común en un hasta luego.

¿Será igual soñar solo o acompañado? Si sueñas solo, ¿Quién te despierta de las pesadillas? Si caminas solo, ¿Quién te levanta de las caídas? Si eres soñador, ¿Quién te acompaña a contar las estrellas y a robarle una sonrisa a la luna? ¿Quién contará tu sueño si no lo puedes recordar o quién describirá el lugar por si alguna vez quisieras regresar?

¿A quién acariciar? Y los temores, ¿Cómo disiparlos? ¿Cómo caminar sobre la nube si nada tienes que perseguir? ¿Cómo llegar hasta la luna si una sonrisa no puedes dibujar? ¿Para qué despertar de tu sueño, si al abrir tus ojos no percibes la luz de un hermoso amanecer?

¿Para qué contar tus sueños, si pocos pueden interpretarlos? ¿Cómo detener el tiempo, si el reloj no sabe que tu sueño es olvidar? El sendero se hace corto si caminan de la mano, los sueños muy claros si juntos sueñan. La separación es el mal principal que destruye los amores, cultiva los temores, deforma las sonrisas y oscurece los sueños.

Los temores, las inseguridades en tierra movediza y peligrosa: como piedra pesada que se hunde lentamente en el fondo del fango, así la gente se va hundiendo más y más con el tiempo en el vástago de la tierra de los sueños. Con movimiento, se esfuerza por salir de él hasta darse cuenta que la quietud y la calma son sus mejores aliados para poder sobrevivir en una sociedad hostil ante tantas realidades, aceptadas o no. ¿Cómo es posible vivir con miradas tristes y cabizbajas, acosado por los recuerdos y rechazado al sentirte ajeno en un lugar lejano, donde sientes no tener derecho ni siquiera a disfrutar de tus propios esfuerzos, donde si a alguien le da la gana de decir que eres un delincuente, lo eres, solo porque el aire que respiras está fuera de tu frontera y te atreviste a soñar?

En la tierra de los sueños, las barreras son como juegos de niño: las cuerdas a brincar son cada vez más altas y más altas, o lo contrario, más bajas y más bajas hasta que tienes que arrastrarte hasta el mismo suelo para poder cruzarlas—más esfuerzo, doble trabajo, más que lo requerido, para poder alcanzar lo que parece ser el fruto prohibido tu sueño al otro lado de la cuerda, cada vez está más alta o más baja en terreno movedizo—. Ay de ti si brincas y das un paso en falso, porque terminarás cavando tu propia tumba.

Contraste de bienestar. Noticia que enseña claramente el lado oscuro del Sueño Americano: un grupo de inmigrantes—entre ellos, mujeres y niños—asesinados por manos delincuentes que lucran con las esperanzas y sueños de los demás. Salió a la luz porque uno de ellos tuvo la suerte de salvarse, haciéndose pasar por muerto y notificándoles luego a las autoridades. Este caso sonó mucho porque eran muchos los masacrados, si no hubiera sido por la astucia del que se hizo pasar por muerto, todos habrían terminado en una fosa común y en el anonimato; nadie se habría enterado de semejante barbarie, así como nadie se entera de los que caen a diario día a día por cualquier circunstancia trágica en el camino.

Soñadores, esto pasa todos los días camino al norte en busca del Sueño Americano: un grupo de seres humanos paga con su propia vida el sueño de tener un día una vida mejor. Tal vez no siempre sea un grupo a la vez, pero si son dos, tres, diez—quién sabe cuántos—da igual porque siempre hay quienes se van quedando en el camino día a día. Son muchas las tragedias que van llenando los campos santos con las cruces sin nombre.

En contraste, en la misma semana anuncian a tres personas que habían logrado conseguir sus residencias después de una batalla legal; ya tenían permiso para soñar o comenzar a caminar, para salir de la sombra oscura a calentarse. El énfasis de esta historia ha sido sobre los soñadores emigrantes sin sus documentos en orden, porque son los que sufren las injusticias más devastadoras por ser ellos los más vulnerables. Pero la realidad es que la otra cara del Sueño Americano—

the other side of American Dream—tiene tentáculos tan largos que llegan hasta lo inimaginable. No importa tu estatus legal; si llegaste, vas a respirar el mismo aire; si soñaste, vas a interpretar el mismo sueño. Vas a pelear con las mismas armas—tal vez en diferente campo o niveles—para lograr la victoria, aunque las apariencias muestren lo contrario. Y la lucha por esos sueños casi siempre es a muerte porque los enemigos son muchos y muy poderosos.

¿Cómo explicarle a la razón que ya no quieres razonar? ¿Cómo pedirle a la noche que no llegue porque soñar más no quieres? ¿Cómo suplicarle al dolor que no duela, al tiempo que se detenga, al tren que no siga? ¿Cómo rogarle al corazón que no lata cuando tienes que vivir, a los ojos que no lloren cuando el torrente se desborda, a la sonrisa que se dibuje cuando llorando está tu corazón, al vino que no se derrame cuando llena está la copa? ¿Cómo explicar que no puedes cuando tienes que seguir? ¿Cómo explicar la mentira y fantasía de este sueño que produce los gemidos de las frustraciones?

Significado de los colores; blanco, negro, indio, amarillo, mestizo y mulato parecen tomar diferente significado fuera del lienzo cuando marcan la piel o reflejan el perfil racial de una persona. Lo que es peor, los colores determinan tu capacidad como individuo en determinada sociedad, indicando en ocasión en qué lugar debes de estar y hasta dónde puedes llegar. ¿Blanco? Ya todos sabemos lo que a la mente viene. Negro—prohibido pensar y muchos menos decir lo que elabora la mente al pensar—. Hispano: difícil de acomodar y hasta confuso de asimilar por sus variedades y diversidades que reúnen todos los colores. Matizados, todos saben el revuelo que causa. ¿Será que las flores se disputan sus colores, sintiendo celos las margaritas de las rosas? ¿O todas comparten juntas sus bellezas, sus aromas, sus colores para embellecer el mundo en que vivimos? Es hermosa la mezcla de los colores, que da como resultado los colores del arco iris a la luz del sol.

Los colores, los orígenes, las flores, las fragancias, los matices… qué hermoso es la variedad, deleite de los sentidos. Cuando entran las fronteras, no hay matices; se ahílan todos. Después, grupos separados por lugar de origen, y el color que tienen les reserva un asiento en determinado lugar, donde apellidos distintivos los identifican—no como nombre, sino como lo que pueden ser o llegar a ser—. Cuando alguien mira a sus ojos, no ve al ser humano, solo los prejuicios en los rasgos que los identifican y nada más. El grupo étnico y el lugar de origen: estos marcan fronteras dentro de fronteras, generando divisiones y una ardua lucha por adaptarse y encontrar un lugar en la tierra de los sueños.

La discriminación es un tema resbaladizo porque, aunque es un mal gigantesco en la tierra de los sueños, hay que reconocer que no es exclusivo de los E.E.U.U. Es una pandemia mundial que tanto daño hace; es un mal social de ayer y de hoy, de allá y de aquí, que como tormenta pasa arrasando en algunos lugares más que en otros, siempre dejando detrás destrucción.

La discriminación es tan dañina porque va de las manos con las injusticias como dos grandes males sociales, con resultado negativo y devastador en cualquier nivel social, pero siempre pega más fuerte a los más débiles que no tienen cómo defenderse por sus pocas alternativas. Existen leyes en contra de este mal, pero son protegidas por la misma ley. La discriminación es un mal común en la tierra de los sueños; hay que combatirla. Su crueldad se esconde en los más oscuros y pulcros lugares de la sociedad.

Sueños paridos de la nostalgia: Quieres regresar, pero no te dejan; quieren que regreses, pero no puedes, los pros y contras, pero el resultado el mismo. ¿Quiénes o qué no te dejan regresar? Las ataduras, las responsabilidades, la dependencia, el miedo a enfrentar el vacío dejado atrás. Te preguntas si ya no será igual, si lo que dejaste ya no está. ¿Cómo comenzar de nuevo? A tu edad te da igual. Estás solo; ¿Con quién caminar? No sabes cómo recuperar lo que dejaste; lo has entregado todo en el sacrificio y finalmente sientes no tener nada. Quienes quieren que regreses—aquellos que por años esperan tu regreso—los recuerdos, los amores, el lugar donde caminabas, todos esperan de nuevo verte un día pasar. Tus sueños en desvelo se convierten cuando ves dos vías en el camino y no sabes cuál tomar.

Lucran sin piedad con las desventuras y esperanzas de otros: El país de los sueños también sueña y tiene sus nostalgias, concibiendo sus ganancias para fortalecer sus intereses. Es claro que el Sueño Americano ha pasado a ser una gran compañía para aquellos que aprovechan el desatino de los acorralados para lucrar. Los soñadores producen más de lo que se puede contabilizar porque lo dan todo y lo exponen todo. Son fuentes de producción y son aprovechados como mar revuelta por las ganancias de pescadores. De tener un gran sueño han pasado a ser un gran negocio, con las desventajas de los emigrantes en tierra extraña. Y son aquellos que no tienen permiso para soñar donde está la mayor ganancia; no hay inversión y no reclaman nada; no hay ningún riesgo de pérdidas porque su condición los despoja de cualquier beneficio a recibir por sus servicios o trabajos.

En el país de las oportunidades, todo ha cambiado menos la sirena de las policías, bomberos y la campana que anuncia el vender helados—*ice cream*—en la calle. Es un clásico su melodía; los niños la reconocen y los adultos también, alegrándose todos y corriendo al oírla, para aprovechar la oportunidad de disfrutar un sabroso helado en una tarde calurosa. Pero todo lo demás ha cambiado, así que eso de las oportunidades ha pasado a ser un peligroso desafío; el que así lo entiende no tendrá sorpresa y caminará bien despierto—jamás soñando porque el país de los sueños nunca duerme—siempre en vela o desvelado veinticuatro horas al día para no ser tomado por sorpresa. Ellos atraen a los soñadores con un fresco helado de fresa y luego dejan la puerta entreabierta, jamás dormidos para darle la bienvenida.

¿Por qué tanta aridez? ¿Por qué tanta aridez donde llueve copiosamente? ¿Por qué tanta escasez donde hay tanta abundancia? No es posible entender que donde hay tantas aguas se sufra de una sed que no se puede mitigar a pesar de la abundancia. Será que el agua está represada y no puede irrigar la sequedad, y las cosechas almacenadas tras el candado de un monopolio y no pueden germinar sus frutos. El que agarra jamás suelta—como perro rabioso hasta asfixiar por la garganta—igual que aquel niño majadero que ya no quiere su juguete; no le importa porque tiene otro nuevo, pero no es capaz de cederlo al niño que no tiene ni siquiera uno viejo y que con agrado y alegría lo desempolvaría, lo arrullaría, haciendo del juguete viejo su sueño cumplido. Si se atreve y lo toma, qué desesperanza siente cuando el dueño lo arrebata de sus manos para luego volverlo abandonar porque en realidad no le interesa. Así el niño soñador abandona su ilusión, sin atreverse de nuevo a tomar el viejo juguete, pero con su mirada prendida en aquel sueño perdido.

Está ahí, la abundancia como un inmenso océano que da sus aguas sin inmutarse porque es muy bien negociada. Sus aguas, tarde o temprano, tienen que volver a engrosar el caudal a través de los grandes o pequeños ríos. En ese mar de esperanzas, se depositan todos los legados—hasta el más común—ya las sonrisas que son tan necesarias para irrigar las ilusiones. Qué fácil es soñar y qué difícil lograr los sueños. Con frecuencia, las oportunidades están en un corazón egoísta, o en unas manos de puños cerrados que no quieren abrir las puertas, aunque sean mil veces tocadas, o en unos ojos 20/20 que prefieren simular ceguera porque no quieren ver la desesperanza de una mirada suplicante, o en unos oídos sordos que no quieren escuchar el ruido, las voces y alaridos de una agonía desesperante.

Pisar las huellas del sueño de otro te obliga a caminar tras un sueño que nunca soñaste y a interpretar el mismo sin la facultad requerida. Ancianos que no quieren dejar a los suyos son desprendidos de su hábitat, obligados a marcharse y dejar atrás lo que es su vida. En muchos de los casos no son solo obligados a emigrar, también son condenados a morir fuera de casa, lejos de la tierra que los vio nacer, separados de su familia, amigos, costumbres y más. El trauma es más fuerte porque a su edad ya no saben comenzar de nuevo; prefieren quedarse o regresar a sus orígenes.

Él, un conocido y viejo amigo, le rogaba a su hija que lo dejara regresar a su país después de vivir años en la tierra de los sueños. Él quería compartir los últimos años de su vida con sus amigos y familia, a quienes un día había dejado atrás y extrañaba. La hija no le permitía regresar, lo obligaba a vivir un sueño que tal vez nunca había soñado él; ahora su amanecer estaba a la puerta y no tenía tiempo para más que soñar en su regreso.

Dejas tu tierra y te adentras hacia el mar; si alas no tienes, ¿cómo poderlo cruzar? Es fuerte, pero es una realidad la manera que se obliga a estos ancianos a quedarse cuando quieren regresar a casa, al igual que se obliga a un niño a salir de casa, cuando se quiere quedar en el regazo del hogar porque no sabe ni siquiera llegar al destino donde lo han mandado. Al contrario de aquellos que se quedan en el camino tratando de llegar, los ancianos se quedan en el lugar de los sueños porque no tienen alternativa de regreso al ser obligados a quedarse. Estas son las caras que forman el rostro del dolor y las decepciones de una forma u otra, aunque no se aprecie así. La felicidad se vuelve muy esquiva cuando se les da valor a cosas que no la compensan.

Es el país donde muchos se la pasan soñando, tratando de descifrar el lugar reservado. Otros no pueden conciliar el sueño; viven en vigilia, esperando la oportunidad de entrar por la puerta que los llevará al camino privilegiado de las fortunas. Otros viven ni dormidos ni despiertos, en la vía de la desesperación detrás de la puerta que de pronto se puede abrir sorprendiéndolos de palmazos en las caras.

Sería interesante saber cómo es la cama de los que duermen felices y sueñan profundo. ¿Se parecerá a la cama de aquellos cuyas pesadillas se apoderan de su largo y profundo sueño? Y ellos, ¿Verán las esperanzas verdes, negras o grises, o camufladas tal vez en el mundo de las confusiones? ¿Serán sus historias cortas o largas? ¿Verán el horizonte pintado de colores? ¿De qué depende realmente el soñar claro o confuso? ¿Será cierto que todos tienen derechos a soñar? ¿Deberían tener límites los sueños, o dejarían de ser sueño si fueran limitados? Sería mejor ser realista, usando la prudencia para escoger mejor el lugar, tiempo y cama para soñar, para despertar en el momento preciso de la oportunidad y convertirla en realidad; teniendo cuidado de no acostarse a soñar en un duro colchón hecho de fibras de promesas inciertas y de desilusiones que con cada movimiento tuyo te lance al vacío donde caigas aturdido al pavimento; hacer conciencia bajo la prudencia que te lleva a tomar decisiones más aceptadas en pro de un bienestar más seguro para todos.

¿Quién puede descifrar el Sueño Americano y entender por qué se arriesga y se renuncia a tanto por él? Hay que inventar la balanza que pueda medir el valor y peso en todos los aspectos; hay que rebuscar las palabras que puedan describir el sueño soñado por tanta gente. Un buen economista, un psicólogo quizás, un sabio y viejo adivino tal vez podrán predecir con su bola de cristal el fenómeno del Sueño Americano. Podrán solamente predecir, ceñidos a la ilusión que se escapa a la realidad.

Aquellos que nunca han podido pasearse por las calles de las ilusiones podrán creer que este sueño cambia el rostro de los soñadores. ¿Cómo explicarles? La moraleja está ahí con una realidad confusa que solo las experiencias pueden narrar y explicar con más acierto. Los grandes magos y videntes, borrosa ven su bola de cristal y no pueden ver el futuro con claridad al tratar de interpretar el otro lado del Sueño Americano—*the other side of American Dream*—el lado oscuro, compuesto por las tragedias, abandonos, separaciones, sacrificios y sacrificados, pérdidas, miedos, destierros y dolores de los que paradójicamente buscan un mejor porvenir.

Lo que dejaste, ya no te pertenece. Lamentos:

—No quiero morir sin ver a mis hijos—clama un padre angustiado.

—Lo que dejaste ya no te pertenece—contesta la madre, con un corazón lleno de amarguras y resentimientos por el dolor de saberse abandonada, o lo que es peor, reemplazada por otros intereses. Hablaba su dolor, no ella. El papá tenía dieciséis años fuera de la vida de sus hijos y un infarto al corazón lo tenía desesperado por el temor de morir sin volver a ver su familia. Uno pasa gran parte de su vida buscando un sueño y, cuando lo logra, se da cuenta que pagó un precio muy alto. Quizá logra tener las manos llenas y sentirlas tan vacías a la vez, porque los sentimientos dañados y el amor dolido vacían las manos llenas. Las manos llenas y el corazón vacío, ¿Para qué?

Este padre había pagado el precio de haber perdido a sus propios hijos, y lo peor es que no se había dado cuenta hasta estar al borde de la muerte. ¿Valdrá la pena el precio a pagar? ¿Quién o qué llena ese gran abismo que se forma de tantos años de separación y espera? ¿Cómo curar esas heridas profundas, cicatrizadas por fuera y doloridas por dentro? ¿Habrá algún culpable—como el derecho que se tiene a soñar—o habrá otras razones? Es aquí donde se escode el verdadero rostro del Sueño Americano, detrás de tantas ilusiones que llevan a interrogantes sin respuestas.

Cuenta regresiva, rápida y apurada: contando vas cada día. No sabes cómo explicarlo, pero el día se hace largo, la noche interminable, y los sueños se han ido. El día no te invita a esquiar, tampoco a patinar, porque cuando te faltaba tiempo ni bicicleta aprendiste a montar. Tienes que distraerte, pero no puedes leer el libro que en tus manos ya no puedes sostener. El tiempo que sientes lento quisieras apurar porque tus manos ya no sabes cómo emplear. El día que terminas, a Dios las gracias le das porque con él se va todo aquello que es tan difícil de explicar.

América Y Su Historia

Es la parte más interesante del país de los sueños su misma historia a través de los emigrantes que siguen siendo la renovación y crecimiento de esa sociedad basada en sus ilusiones y sueños, llevados ellos por el gran deseo de superación que caracteriza a muchos seres humanos. Eso es innegable, como lo es también que muchos logran sus sueños y que siempre se han tenido razones y motivos diferentes para ir en su búsqueda. Dan al Sueño Americano muchos prospectos los que lucharon, los que luchan y los que lucharán por llegar a pisar el suelo del país que empreña los sueños.

Lo cuestionable del Sueño Americano no son los esfuerzos y luchas—ni mucho menos las razones—sino su alto precio, que lleva a sacrificar y ser sacrificado. Siempre es satisfactorio saber los esfuerzos y dedicación que cuestan las cosas—es en esa práctica donde se aprende a apreciar y dar valor a lo que tiene—pero en el Sueño Americano no está claro si el sacrificio está de acuerdo con los sacrificados.

Muy bueno es aspirar a más, pero nunca es bueno dejar lo que tienes por lo que crees poder conseguir porque puedes quedarte con las manos vacías, cosechando grandes desilusiones en vez de una victoria. En fin, parece que siempre ha sido así porque a través de la historia, se puede ver cómo la gente moría—y ahora sigue muriendo—en larga travesía de un árido desierto o un profundo océano que se convierte en tumba sin nombre.

En esa larga embarcación de semanas o meses—donde enfrentaban tragedias, epidemias, sed, hambre, nostalgia y calamidades—cuando enfermaban de muerte, sin otras alternativas tenían que ser tirados al mar, no por el capitán del barco, quizá por su propia familia o amigos. No todos llegaban, y cuando lo lograban, seguían muriendo mientras se adaptaban a su propia sobrevivencia.

Esta parte de la historia solo ha cambiado de mal a peor porque sigue pasando en el siglo veintiuno, es de horror ver lo que la gente se atreve a desafiar durante el camino rumbo al Sueño Americano.

Si se pudiera preguntar a los que se quedan en el camino: ¿Qué crees que contestaría aquel que perdió a un ser querido, hijo, pareja, padres, hermano o amigo? ¿Y aquel enfermo que ya está en la travesía en un mar profundo cuyos abismos serán su última morada? ¿Qué crees que dirían aquellos que se secan lentamente en el desierto bajo un sol ardiente y aquellos que caen en manos criminales, sometidos a crueles abusos hasta desear su propia muerte? Si se pudiera saber qué piensa esa gente en momentos como esos, ¿Qué crees que pensarían? ¿Sentirían arrepentimiento? ¿Dirían que valió la pena? Piénsalo antes de emitir juicio, porque hay que estar en el mismo lugar y posición para entender tan gran sacrificio.

Hoy sigue siendo exactamente igual. Aunque hay decenas de vías para llegar a la tierra de los sueños—aviones, barcos, trenes, carros, lanchas, balsas, caminatas a través de desiertos, valles y montañas, mares y ríos—el camino es el mismo, lleno de los criminales y depredadores que lucran con las esperanzas y sueños de otros. El riesgo sigue siendo el mismo y con peores consecuencias: dolores, nostalgias, separaciones por siempre, crímenes, violaciones, abusos físicos y sicológicos, esclavitud y muerte. Con sueños desvanecidos y esperanzas quebradas a pesar de la fuerte lucha y alto precio pagado, la historia sigue siendo hoy la misma que ayer.

Motivación: Poniendo en práctica aquella oportunidad que dice: «*ahora es mi turno*»—palabras muy motivadoras para los padres o adultos que se encuentran sin alternativa después de una vida de lucha—ella se atrevió a regresar a la escuela. «*Now it's my turn*», fue el emblema motivador que la llevó a hacer lo que es muy difícil hacer de adulto, pues no se aprende el abecedario tan fácil como de niño.

En la escuela, practicar el idioma era la parte más difícil. Se escogía un tema libre para desarrollar y conversar en inglés sin parar en un tiempo estipulado. Sintiéndose ella bajo una descarga de nervios—todos lo estaban—llegó su turno. Escogió el tema sobre inmigración que estaba sonado mucho en esos días por todos los medios (aunque el tema de emigración es siempre tema de noticia en E.E.U.U.). Los estudiantes indocumentados estaban pidiendo una oportunidad para ir a la universidad, lo cual tenía el tema muy candente en los medios y comentarios de todos. Ella comenzó a hablar del precio que se paga por ese sueño, considerando que era muy caro, haciendo mención de varios ejemplos innegables.

Todos escuchaban con atención cuando mencionó como ejemplos los años de ausencia, las cosas que pierdes al dejarlas atrás, las renuncias y sacrificios que destruyen el núcleo familiar y sus valores básicos a través de las separaciones. Mientras hablaba, observaba las caras de los adultos estudiantes: unos estaban pensando cabizbajos, otros a punto de llorar, otros asintiendo con la cabeza con gesto positivo, dándole crédito a lo que estaba diciendo. La profesora estaba tomando notas, evaluando la conversación. Comentarios inmediatos surgieron, mostrando el dolor y frustración que todos llevaban dentro. Terminó el tiempo y a la misma vez ella sentía que su voz se quebraba, quizá por la reacción de los compañeros de clases o porque le estaba doliendo la herida de su propio precio a pagar.

La profesora solo dijo: «*seguimos hablando del tema en otra ocasión; es muy controversial*». Sí, lo es, por el pro y el contra del tema, sobre todo por esa parte oscura que tiene el Sueño Americano de la que nadie quiere hablar o aceptar: el sobrevaluado precio que se paga y se sigue pagando por el afamado sueño que no resulta ser lo soñado.

Las realidades matan las ilusiones, o lentamente como virus en carne viva, o rápidamente como tornado que las envuelven y las levantan muy alto para luego dejarlas caer al vacío destruidas. La lucha es tan fuerte que te sientes en remolino de agua brava, que va asfixiándote y arrastrándote hasta llevarlo al fondo, de donde solo puedes sacar la cabeza por un momento cuando el agua se revuelve, pero luego te hunde con más fuerza en la profundidad. Cuando al agua mansa puedes salir, ya no tienes las fuerzas para ponerte de pie ni alzar la mirada, aunque estés sobre las arenas donde el sol te seca el cuerpo.

De las glorias todos hablan, de ahí la fama: el precio del Sueño Americano no se puede contabilizar en dígitos, pero sí en el libro de la vida, al cual se le puede escapar un símbolo de peso—un cero tal vez—pero jamás una lágrima ni un quejido. Se puede pensar que solo enfatiza tragedias, si de eso se trata de señalar lo que nadie quiere aceptar, lo que muchos quieren ignorar: las tragedias que viven allí la gente. De los triunfos y las glorias ya son muchos los que hablan de ellos, de ahí viene la creída y afamada reputación mundial que tienen el Sueño Americano y su sello de garantía llamado prosperidad.

La intención aquí es recordar, en forma jocosa, reales y simples anécdotas que arranquen una sonrisa o quizás una reflexión al tocar algunas experiencias que pueden ser tuyas o cercanas, tal vez ajenas, pero que igual pasaron y son parte de la realidad. La intención es pensar en dichos como estos: no dejen lo poco seguro por lo mucho inseguro; no cambien lo que son por lo que quieren ser; no arriesguen lo que tienen por lo que quieren tener; no alcen vuelo con alas débiles si la distancia es lejos; piensen muy bien antes de arriesgar o canjear lo que tienen. Son verdades que están ahí, no se pueden negar porque son realidades escritas por las experiencias, pero a las vez ignoradas—ahogadas y guardadas bajo el manto de la gran popularidad del Sueño Americano—por muchas pasadas y presentes generaciones.

Es tiempo de subir la mirada para ver un cielo azul con sus matices blancos donde el negro se convierte en un horizonte colorido de aquel color sin nombre, porque el pasado es historia, el presente un regalo, y el futuro un gran misterio. El pasado se fue y, viviendo un saludable presente, se podrá visualizar un claro y gran porvenir que da paso a un positivo augurio, a un sueño con un sentido de alerta para todos aquellos que decidan emprender la conquista del Sueño Americano.

Es bueno soñar porque es así como se les da forma a las ilusiones y ambiciones en la vida. Pero hay que consultar primero no la bola de cristal, sino el sentido común que te lleva más allá de un sueño o ilusión, donde puedas volar con las alas seguras de la realidad que te aseguran el éxito en acción coherente, apegada a los principios correctos que componen el núcleo, universal pero no escrito, del hombre sensato. La única senda que te lleva al éxito es la de construir tu futuro sin lastimar y destruir a los demás, con la tranquilidad de asentar la realidad y con la satisfacción que da el trabajo bien hecho.

¿Por qué no ser como ella? Determinada, enfocada, imponente, dominante, majestuosa, desconfiada y a la vez segura, fuerte, impresionantemente bella...son solo algunas de las cualidades de esa misteriosa y pintoresca ave de rapiña—parece tenerlo todo en abundancia—que como imán nos atrae. Por algo los fundadores de los E.E.U.U. la escogieron como símbolo de libertad y tallaron su poder en sus valiosas monedas. Pocos viven como ella, imponente, dominando las llanuras y posando con la luna en las alturas, enfocada en su vuelo sereno y majestuoso, muy segura siempre porque sabe es fuerte. Al abrir sus alas, recrea su impresionante belleza—su casco blanco y armadura gris, su pico como espada dorada y bota de garras fuertes—siempre segura, pero nunca confiada, porque exploradores son sus vuelos: el águila.

No hay nada más parecido al gran imperio estadounidense, a veces protector, muchas veces destructor; con una atracción misteriosa muchos caen en su magia. Es imposible negar su poder, fuerte dominio, determinación y enfoque para lograr imponerse en las alturas, atraer en las llanuras y dominar las multitudes.

Quieren regresar a casa para morir entre los suyos en la tierra que los vio nacer, entre familias y amigos. Desean repasar el libro de recuerdos que guarda la herencia de su niñez, donde el cielo se ve más azul y el horizonte más cercano, donde el paladar disfruta cada bocado y el olfato identifica cada aroma, y donde saben por dónde sale el sol y cuándo se oculta la luna sin mirar el calendario. Quieren regresar, descansar y suspirar en el lugar de donde un día se fueron, buscando un sueño que los llenaría de nostalgias, porque hace mucho que en su cama ya no duermen.

Por haber decidido un día marcharse, ya se encuentran lejos, y en la distancia extrañan aquella tierra que los vio nacer y que empolvó sus pequeños pies cuando dieron sus primeros pasos. Después de sentir los años en sus hombros, y el peso de una larga y pesada faena, quieren descansar en casa, pero a veces surgen conflictos de intereses relacionados con este sueño que no los dejan regresar; entonces terminan sus vidas en resignación y añoranza.

The dollar: verde es su color, rectangular su forma. Es el centro del Sueño Americano, ambicionado por muchos y decorado con símbolos que no se puede descifrar. Su contenido es real—no importa si lo has soñado—y su revoloteo tan ágil, tan difícil de agarrar porque liviano es su peso y pesado su valor. Con la agilidad requerida, tal vez puedas alcanzarlo y combinar los números de la caja fuerte donde bien guardado está.

El dinero, terror psicológico: atrae, y uno es capaz de hacer cualquier cosa por obtenerlo. Se dedica cada momento, cada día, todo tiempo, pensamiento e inquietud a pensar y elaborar ideas de cómo producir y conseguir dinero. Se llega hasta el desequilibrio porque todo tiempo es dedicado a producir más dinero para sobrevivir o para acumular. Es una sociedad exigente y demandante de plata y más plata. Se vive con miedo a no poderlo conseguir, convirtiéndose el dinero en la pasión y prioridad de la vida, ya sea por necesidad o por pasión al mismo. Esto sin duda degrada la calidad de vida de cualquier ser humano. Todo aquello que te domina, te hace esclavo; no importa si es el dinero o es masticar tierra.

Si no lo tienes o no lo produces a tiempo, simplemente te invade un miedo devastador. Lamento común: «*trabajo solo para pagar las facturas*», pero a la vez se sienten dichosos porque pueden mantener su día a día. Otros menos afortunados exclaman: «*no me alcanza para cubrir los básicos*»—las cosas básicas en la vida: un lugar donde vivir, alimentación, o la oportunidad de mejor trabajo para poder producir y vivir dignamente—. Cuando sumes y restes, ojalá que al menos te alcance para saborear un rico helado—aunque no sea de fresas, por lo menos de vainilla—.

Estas situaciones no concuerdan con la abundancia que se persigue sin percibirse que no es el país de las abundancias. No hay otras cosas en que pensar; se olvidan que los árboles también son verdes y que las flores regalan sus aromas, que de amor se llenan los vacíos y de calor las manos también, que hay gente alrededor y la sonrisa es lindo dibujar. Es mejor variar los pensamientos y como sabores poderlos disfrutar, rompiendo el ciclo interminable que te lleva a no tener otras cosas en que pensar porque cada día es el camino para lo que tienes que pagar.

Vivir soñando o muy despierto: dos maneras de esperar y buscar alcanzar lo que tal vez no esté tan lejos si miraran alrededor. Sueñan aquellos que creen que el camino es más fácil al ir soñando; lo preocupante es que no despiertan, se aletargan en sueños placenteros. Otros no pueden conciliar el sueño al estar muy despiertos, desesperados en vela, buscando, esperando la oportunidad para alcanzar sus sueños. Otros viven en sonámbulo, ni dormidos ni despiertos, viviendo la pesadilla en la que han caído.

¿Cómo vivirán los que duermen felices y dibujan las esperanzas en los sueños? ¿Serán sus sueños verdes o grises? ¿De qué depende realmente el soñar claro o confuso? ¿Tienen todos derechos a soñar? ¿Deberían tener límite los sueños, o dejarían de ser sueño si fueran limitados?

¿No sería mejor ser realista, usando la prudencia para escoger el lugar y el tiempo de despertar en el momento preciso del sueño para poder convertirlo en realidad? ¿O ha convertido América en el país de los sonámbulos en el que solo se sueña y se sueña? Fuera de E.E.U.U. también se puede soñar y cultivar las dulces esperanzas que producen las ilusiones.

Ilusiones que ciegan: inocentes como niños; les señalan la luna y solo ven el dedo porque no miran más allá. Ocurre cuando te obstinas en algo sin pensar, mirar y analizar las consecuencias. Las cosas están ahí, pero no las ves porque te enfocas en otras cosas que tal vez son lo que quieres ver. Hay que mirar más allá del dedo para poder ver la luna, mirando fijo más allá de las ilusiones que te impiden ver la realidad en cualquier escenario, teniendo cuidado al cotizar el Sueño Americano que cambia tantas vidas en forma negativa, despertándote para siempre de esas ilusiones infantiles y dando paso a la realidad.

El que pide algo que no es capaz de dar tiene oídos sordos que por más grandes que sean, jamás escuchan el estruendo del ruido. Usando un poco la imaginación, te das cuenta quiénes son los sordos y los ciegos; recuerda como en los sueños hay que descifrar sus contenidos para entender sus significados.

¿Cómo hacer conciencia y entender que el que pide algo debe tener la capacidad de darlo en un acto de reciprocidad? Emigrantes, autoridades y gobernantes piden justicia, humanidad, tolerancia y respeto en tierras extranjeras, cuando en su propia tierra no son capaces de dar, negándoles estos mismos derechos a los que se atreven a pisar y cruzar sus predios fronteros, ignorando sus derechos y su dolor ajeno.

Mientras se esté pasando uno por encima del otro, pisoteando al más débil, será imposible ver la cara de la justicia en el mundo que compartimos. Por lo tanto, la tolerancia es imprescindible para poder ser menos egoístas e ingratos, para cultivar el respeto y humanidad, y para poder dar lo que se espera y se pide de los demás. Sin embargo, se proyecta una insensibilidad espantosa hacia el dolor y clamor de los semejantes cuando se sienten en casa. Las miradas de las autoridades están enfocadas, y no precisamente en la hermosura de una noche de luna llena. Hay que voltear la mirada de vez en cuando para ver quiénes están perdidos en el camino y averiguar si la antorcha que necesitan para llegar está en sus manos; hay que tener el coraje de despejar el camino y dar luz en la oscuridad.

El reloj, enemigo del tiempo: en ocasiones muchos quisieran parar su manecilla mientras otros quisieran adelantarla. Parar las manecillas del reloj es fácil, pero el tiempo no. Y en ocasiones a algunos no les importa si pasa o no; simplemente quisieran salirse del tiempo.

El reloj—accesorio personal—adorna pasillos y vestíbulos. El reloj de alarma despertadora—que se odia porque anuncia que hay que seguir—no puede parar. Cuántas anécdotas existen sobre el reloj despertador, hasta de personas que en momentos desesperados lo han estrellado contra la pared para callar su inoportuna alerta. Se da este fenómeno porque al momento de levantarse de un sueño reparador, siguen cansados y no consiguen relajarse con las rutinas diarias y el tren de vida a través de los años. Cuando suena la alarma, solo la cabeza puede levantar para luego volverse a desplomar como rama sin tronco al calentar el sol. Entonces se apoderan la frustración y cansancio, y en ocasión lo paga el reloj despertador con un buen tirón dado en intento desesperado por un soñador.

Vivir rápido no solo te lleva a vivir agitado y en tensión, también te hace comer, caminar y olvidar rápido, sin que contemples nada, contando los días, horas y minutos en medio de cualquier faena diaria. Es común oír decir: «*no me alcanza el tiempo*», como si el tiempo se acomodara a ellos en vez de ellos al tiempo. «*¡Oh! Pero si no he comido nada hoy*», dicen cuando el estómago les golpea, preguntado: «*¿Qué pasa? Estoy vacío ya es tiempo de comer*». Lo más conveniente por la rapidez es una pizza y una soda o un café con una dona mientras siguen caminando o manejando en el bus o tren. ¿Cómo sabe el café? No lo saben; a lo mejor está muy dulce y la pizza muy fría, pero no tienen tiempo para apreciar y dedicar a ellos mismos. En las calles, rápido caminan y comen a la vez para no llegar tarde y que no los detenga la luz del tráfico, que no los deje el autobús o el tren. Ella lleva el maquillaje en la cartera, y él la corbata en el bolsillo para ponérsela en la oficina, pues falta tiempo a la salida.

Irónicamente, dentro de la abundancia no pueden llenar las manos porque van muy rápido y se escapa de las manos todo lo que agarran con tanta prisa. En un sistema que arrastra, que aturde y confunde como fuerza arrolladora, te pasas por un mundo lleno de sueños que no puedes disfrutar por más que te apures, precisamente por ir muy de prisa sin poner atención a lo rápido que vas, alcanzando y consiguiendo solo el deterioro de la vida en sí.

La gente vive y va, desorientada como manada sin rumbo, como peces en aguas revueltas, preocupados como gacelas al descubierto en los prados, nerviosas porque no saben por dónde va a atacar el depredador, sin paz, sin horizonte, sin presente y con un turbio e incierto futuro. Jamás se dan cuenta que van sobre tiempo—*overtime*, más de lo requerido, *beyond the regular time*—. Las justificaciones son muchas para entrar por ese carril rápido en el tren de la vida. ¿La razón principal que alegan? Hay que lograr el Sueño Americano a como dé lugar, sin importar el precio. Pero eso no cambia el resultado, que puede ser el deterioro rápido, un final rápido cuando al mirar el horizonte se encuentran con que el sol se ha ocultado, que no hay luz para ver el camino, ni tiempo para recoger y disfrutar lo acumulado por muy rápido que hayan ido.

Tú pasas, eres pasajero, el tiempo no, él tiene la gracia de no tener que contar; todos pasan a través de él. Hay que levantar la cabeza, echar una ojeada y mirar dónde estás en el camino para saber si tendrás tiempo de sentarte y saborear la dulce satisfacción de disfrutar las cosechas de tus esfuerzos y trabajos.

Los De Ayer Y Los De Hoy

Seguramente se han preguntado alguna vez cuál es la diferencia del precio del Sueño Americano, entre los que vinieron hace siglos o los que siguen viniendo, si todos muchas veces pagaban con sus propias vidas, exponiéndose de igual manera a diversas vicisitudes y calamidades en su larga travesía o ya en la tierra de los sueños. Muchos sucumbían en la lucha de sobrevivencia que le tocaba vivir.

Los de ayer fueron pioneros de las vigas de voluntad y coraje que construyeron el puente para que otros pasaran. Siguen siendo igual ayer y hoy; se sigue reconstruyendo ese puente para los que vienen detrás. Pero sin duda hay una gran diferencia entre los de ayer y los de hoy: «*they were welcomed to the land of dreams*». Aquellos eran bienvenidos a la tierra de los sueños; hoy no son bienvenidos, aunque esa verdad se cobije detrás del rechazo de los llamados ilegales.

La realidad es que legales o ilegales ya no tienen una calurosa bienvenida al país de los sueños, donde dicen estar saturados. Esto alarga y fortalece los tentáculos de la discriminación, llegando estos a cualquier distancia y lugar simultáneamente. Si la esponja está saturada y no puede absorber más agua, ¿Por qué derramar más? ¿Está saturada porque hay cierto grupo de inmigrantes que son muy bienvenidos y acogidos en la tierra de los sueños siempre? ¿Será que solo quedan asientos de primera clase reservados para determinado grupo? Es una realidad innegable, aunque se quiera negar: la desigualdad discriminatoria entre la gente llega hasta las injusticias. Lo cierto es que ni en el país de la libertad y oportunidades, ni en ningún otro son posibles los sueños si no hay justicias que alimenten las esperanzas para luchar.

Buscar y desear un mundo más justo, será posible: en un seminario de crecimiento personal, la práctica del día era escribir una frase expresando un sueño deseado en la vida. Escribieron muchos—unos chistosos, otros interesantes, algunos hasta tristes. Se hicieron públicos porque parte de la práctica era leerlos en voz alta y compartirlos con los demás. Su sueño estaba preñado de un gran deseo y lo escribió así: «*me gustaría vivir en un mundo más justo*». Todos se miraron haciendo gesto de admiración y asintiendo sus cabezas diciendo: «*yo también*». La entrenadora hizo silencio y habló con sus gestos y miradas al mismo tiempo que hizo público su sueño de ir a la luna. Otro sueño muy curioso fue el de una joven que tenía dos perros (cuando hablada de ellos no se sabía si estaba hablando de niños o de sus perros). Su deseo era peculiar: que sus perros pudieran hablar y entenderse con ella como personas.

Volviendo al sueño de poder vivir algún día en un mundo más justo, uno se da cuenta que es un deseo compartido por muchos seres humanos porque la justicia se ha convertido en un manjar inalcanzable en este mundo. Se ha olvidado que es imprescindible para poder tener una sociedad sana y equitativa, un mundo con menos dolor y resentimiento social para que los sueños puedan ser más accesibles.

Alcanzar justicia es una lucha ardua, porque los más fuertes y astutos con frecuencia caminan sobre los hombros de los más débiles, convirtiéndolos en sus esclavos y víctimas. Aprovechando sus desventajas o tal vez sus desconocimientos, se sirven de ellos como amos y señores, poniéndolos en posiciones donde no tienen más alternativa que la de seguir viviendo una vida no envidiable en espera de que el mañana sea mejor.

Las injusticias desencadenan males y resentimientos sociales, siendo estos muy peligrosos en un ser humano. Una persona resentida por las injusticias puede llegar a ser como arma peligrosa que desenvaina su espada y comienza una lucha social contra tal mal, enseñándoles a otros a conocer y luchar por sus derechos, sacándolos de la ignorancia y miedo en que viven. Sin embargo, hay otros que, alimentados por sus resentimientos, se meten en una competencia de males y venganzas, haciendo lo que sea contra quien sea para obtener lo que creen justo, sin que les importe lo que tengan que hacer, dañando a otros y a ellos mismos. En el afán de ser tomados en cuenta, se convierten en seres humanos crueles y dañinos en la sociedad, buscando respeto y admiración, aunque en una forma negativa. De esa manera, logran llamar la atención y le gritan al mundo: «*aquí estoy, yo existo y puedo hacer y tener cosas como los demás*».

Hay ladrones de bancos; también los de calles. Hay ladrones de amores como también los hay de sueños, pero el que te arrebata todo es aquel que te roba los sueños, porque te vacía el corazón que estaba lleno de ilusiones. Al voltear y ver el rostro que te ha traicionado, de angustia te sientes morir y te desgarra la impotencia de saber que no puedes señalar a aquel ladrón con nombre. Quedas solo con la esperanza de que un día él entienda que el dinero al banco puede devolver y la cartera a aquel caminante, que los amores se pueden renovar, pero que un sueño robado jamás puede ser devuelto porque las manos vacías siempre las has de tener.

La espera desespera en la quietud de las esperanzas: Soñadores en acción luchan por un sueño común—*Dream Act*—anhelado por miles de jóvenes y niños que fueron traídos al país de los sueños por sus padres o tal vez llegaron solo atraídos por el verdor de un pasto que ya está muriendo, y ellos, como ovejitas descarriadas, caen en el rebaño equivocado.

Estos jóvenes se integran a la sociedad con sus trabajos y estudios que pagan con sus propios esfuerzos, la mayoría de ellos personas aportadoras en la sociedad como ciudadanos ejemplares. Pero—¡Ah! —tienen un problema que los pone en la lista de los no deseados y los excluye de la sociedad donde han vivido toda su vida. Son ilegales, violadores de la ley—así le llaman—porque les falta un papel firmado por un oficial de inmigración que diga: «*te puedes quedar, eres elegible, ya puedes caminar por las calles de la tierra de los sueños…ya tienes derecho a soñar*».

Los que tienen todo y aquellos que no tienen derecho a nada— es difícil y polémico el hablar de este tema tan delicado y sensible por la connotación de su drama en la sociedad—. Al otro extremo de los que no pueden soñar son aquellos que lo reciben todo, absolutamente todo, sin ningún esfuerzo: los hijos de paternidad irresponsable cuyas virtudes son infringir las leyes y no querer hacer nada, tejiendo las cadenas con eslabones de desventuras para dejar como herencias a los hijos. Sus patrimonios pasan a ser resentimientos sociales, llevándolos a la dejadez personal, fuera de todo interés de superación hasta que lleguen a la esclavitud de la dependencia. Son jóvenes que lo tienen todo, pero no quieren nada más que vivir una vida fácil y así se perpetúa un círculo interminable de dependencia y pobreza.

Estas situaciones generan diferentes sentimientos y resultados negativos. Muchos de ellos se quedan en el camino, otros pasan protegidos por las agencias gubernamentales que les da protección. Sin exigir nada, lo tienen todo—incluyendo oportunidades de educación—todo lo que un ciudadano ejemplar no tiene o le cuesta mucho conseguir trabajando. Se acomodan en el engreimiento y pocos son los que hacen algo para cambiar y romper el círculo que los adormecen en una forma de vida poco envidiable.

Esto no quiere decir que un niño abusado o abandonado por sus padres irresponsables, por ejemplo, no tenga protección. Son criaturas, víctimas de las inconciencias y las mismas injusticias sociales que los condenan a ese ciclo interminable de dependencia y pobreza en el que viven. Es triste porque muchos no logran salir de ese mundo donde quedan atrapados, acostumbrándose y creyendo que no tienen otras alternativas.

¿Cómo explicarles a estos jóvenes y niños intachables que viven en la sombra, esperando que salga el sol de la esperanza para poder ser vistos y tomados en cuenta en una sociedad a la que han dado todo sin tener derecho a nada, esperando que alguien escuche sus gritos en el camino de la espera?

Ahí es donde se acunan y nacen los resentimientos que son como cadenas que no permiten avanzar, creando dolor y rabia que desencadenan muchos males sociales. Justamente ahí es donde se tiene que usar el sentido común, con acciones más equitativas y justas, donde todos saboreen el dulce sabor de la justicia e igualdad y sientan la paz de saber que el mundo es de todos.

Argumentos válidos en ocasión: «*es la ley hay que respetarla*»; por supuesto, es lo primero que una persona tiene que observar para ser acogido y protegido en la sociedad donde vive. Los ejemplos ilustrados antes dejan bien claro quiénes cumplen las leyes y quiénes no. Los males producen males, las injusticias provocan descontentos que llevan al desacato de las leyes. Cuando son aplicadas a grupos de personas solamente porque han tenido la osadía de soñar entonces las leyes toman diferentes matices.

¿Cómo secar las lágrimas de veinte años?: ¿Quién puede explicar cómo contar las lágrimas de veinte años y medir el dolor de la pérdida de un hijo más, cuyos últimos gritos de auxilio se encuentran en el corazón y los recuerdos? Después de tantos años de haber perdido sus hijos, las madres siguen llorando como el primer día que los vieron desaparecer arrastrados por las furiosas aguas de un rio o tragados por la mar.

Entre sus balbuceos y gritos pidiendo auxilio, la madre, impotente y desesperada, se echó tras ellos, pero todo fue imposible. Ya era demasiado tarde; habían sido arrastrados por las furiosas aguas al desafiarlas. Diez y cinco añitos solo tenían; días después fueron encontrados sin vida. De igual manera, otra madre perdió a su hija que solo tenía seis años cuando la mar se la tragó y jamás la devolvió, haciendo la diferencia entre aquel rio que, aunque sin vida los devolvió, porque el mar no arrastra, solo traga.

Estas historias son como un libro abierto; solo hay que voltear la página y las historias continúan, presentándote con otras iguales o peores. Los ríos arrastrando, el mar tragando, los desiertos secando, niños perdidos en el camino o en el mismo tiempo que los aturden.

Todo en la vida se puede superar: los maltratos si luchas contra el agresor, la pobreza si luchas contra la miseria, las enfermedades si buscas y cuidas tu salud, el odio si crees en el amor y eres capaz de perdonar. Pero, ¿Cómo superar la tragedia de perder a un hijo? Se lleva en los recuerdos sus últimos alaridos de clamor pidiendo auxilio, y en el corazón, el dolor de la impotencia y la culpabilidad de saber que un hijo se llevó consigo la desilusión de haber perdido la vida en el lugar más seguro para una criatura: las manos y el regazo de sus padres.

¿Cómo secar las lágrimas y olvidar que el precio que pagaste fue la vida de tus hijos dejados atrás o perdidos en el camino? Que alguien lo explique si lo entiende, quizás: ¿Cómo seguir viviendo? ¿Cómo seguir soñando y poder sonreír cuando el dolor marchita como sol ardiente y destruye como fuerte torrente a una flor abierta?

Se puede soñar bajo una luna llena y un cielo estrellado, o sobre un mar que dibuja las estelas, en la cima de la montaña contemplando la pradera, en un atardecer que dibuja el horizonte, en un amanecer esperando un nuevo día, o entre el susurro del viento que cuenta los secretos y sigue un pájaro libre que vuela sin rumbo. Se puede soñar ante un árbol desnudo esperando la primavera, mirando la mariposa que a la flor roba su néctar, en una noche oscura que desnuda las estrellas, o ante un mar profundo que oculta sus misterios.

Jamás se puede soñar bajo un cielo oscuro sin luna y sin estrellas, ni sobre un mar sereno si su profundidad niega, ni en la cima de las montañas si los abismos te dan miedo. No puedes soñar en un atardecer si no sabes esperar el amanecer, ni en el horizonte lejano si sus colores no puedes dibujar, ni en la pradera si te sientes al descubierto, tampoco en la primavera si las flores y el canto de los pájaros no te inspiran a recitar. No puedes soñar si no puedes volar igual que mariposas y como ellas robar las aromas a las flores y como el viento danzar. Es imposible lograr tu sueño si no eres capaz de imaginar tus ilusiones sin dejarla escapar a ese mundo irreal.

Buscándolo, irónicamente se quedan sin nada; cuando se dedica tanto tiempo, cada pensamiento delirando cómo conseguir la plata para sobrevivir, el dinero se convierte en el objetivo principal de la vida y por ende los sueños pierden sus encantos.

Queriendo hacer posible el Sueño Americano, van dejando atrás el vigor y la fortaleza, apretados, sudando las gotas de valor para poder seguir. En esa lucha van arriesgando y dándolo todo; después de una dura batalla miran atrás y solo ven desolación. Algunos logran la victoria, pero muchos no; el triunfo de pocos echa al olvido el fracaso de tantos. El camino es muy oscuro y muchos pierden la luz que los guía, quedando a oscuras para seguir caminando en la sombra sin poder ser vistos.

Lo arriesgan todo y se quedan en el camino, en un sueño tan atractivo que se escapa a la realidad. Tras él tienen que mojarse no solo las botas, sino también los calzones, desafiando retos en el campo de batalla, casi siempre en desventaja para luchar porque vienen a buscarlo todo y encuentran muy poco. Es como buscar pepitas de oros en un rio caudaloso; hay que cedacear con muchísimo cuidado la charola de arena para que la corriente no te arrebate las pequeñas pepas de oro que has logrado, y luego guardarla muy bien para que no se vayan a caer y las roben las corrientes. Sin duda, el Sueño Americano lo cambia todo, absolutamente todo: la forma de buscar, de soñar y hasta de amar.

Qué extraña melodía tiene el llanto cuando anuncia alegría y qué dulces son las lágrimas que irrigan felicidad. Sin duda, es muy hermoso para un niño el poder soñar en el regazo de sus padres, y caminar de sus manos es maravilloso. Tres años tenía esta niña cuando le preguntaba a su madre por qué ella no tenía esos juguetes que su amiga tenía. «¿*Por qué, mamá, por qué?*». No entendía nada; solo quería lo que otros niños tenían y ella no. Su madre se las ingenió para hacerle una muñeca; era su sueño y su madre se lo hizo realidad. Con algunas telas y unos cuantos rellenos cocidos y decorados, le hizo su juguete soñado. Cómo lo cuidó y lo que significó para ella los comprobaron los años, porque mucho después lucía muy bien cuidado su juguete cuando ella lo presentó en un programa de niños aficionados en televisión. La historia de esa niña llama la atención porque muestra exactamente lo que desde el principio se ha tratado de ilustrar aquí: esa niña estaba feliz—lo más importante—y había logrado su sueño de las manos de sus padres; hablaba con mucha madurez de sus limitaciones materiales que a la vez la motivaban para salir adelante. La niña, tan orgullosa de sus padres y de su muñeca de trapo, los abrazaba a ambos en televisión nacional.

¿Qué tiene esta historia de extraordinario? Es simplemente el amor, ternura y protección de sus padres que la hacían feliz y segura de sí misma. Ella conocía las limitaciones materiales, pero no la desprotección que lleva al miedo, ni el vacío del desamor que es crucial en la vida de cualquier criatura. Ocurre lo contrario cuando se abandona o se separa la familia en busca de un poco más; así se pierde lo esencial y lo más importante también, siendo esto uno de los males del Sueño Americano porque son muchos los valores y riquezas que se ponen en juego.

Se preguntarán: «*¿Bajo tantos inconvenientes serán posibles los sueños?*». Por supuesto que sí, pero unos son más placenteros que otros. ¿Es posible el Sueño Americano? Claro que sí, solo que está sobrevaluado. Su precio a pagar es demasiado caro, llevando al que lo persigue a endeudarse consigo mismo con deuda de valores incalculable. La moneda con que se paga el Sueño Americano no tiene un solo nombre, sino muchos, y su color es matizado con fuerte mezcla material y sentimental. Por lo tanto, el haber llegado al país de los sueños no significa que hayas logrado tu sueño ni tampoco que lo vayas a lograr. Es posible vivir en el país de los sueños tan solo viviendo el otro lado del Sueño Americano, que casi nunca se revela en las predicciones.

Su reputación es tan grande y sólida que pocos sospechan la erupción de lo que corre detrás. Sí, existe el Sueño Americano como existen otros, pero su contraste es difícil de explicar, es negar una verdad que esconde una gran mentira detrás, parecido a una vieja pared decorada con un clásico cuadro: por años la has observado, de pronto mueves el cuadro y dejas al descubierto un gran secreto, una caja fuerte tal vez o un estrecho y extraño pasadizo que puede llevarte a algún lugar desconocido.

La verdad concebida a los ojos bloqueaba la imaginación para ver la verdadera cara o realidad oculta detrás del clásico y pintoresco cuadro. Un túnel secreto: si por curiosidad te atreves a caminar por el pasadizo desconocido, puedes caer en un abismo de incertidumbres, haciendo muy difícil el caminar por la confusión. Es posible encontrar la salida si caminas calmada y sigilosamente; son posibles los sueños, pero hay que dormitar para no caer en sueños profundos.

Sobreviviendo: Sobrevivir no es vivir; chapalear en el agua no es nadar; gatear no es caminar. Por lo general viven, en cautiverios sin ser pájaros enjaulados porque los barrotes son muchos. En cada mañana, una anciana cultiva una plantita en un pequeño tarro en la ventana de su apartamento, aprovechando la luz del sol a través de los cristales. La moja, la poda y la cambia de posición, pero siempre es la misma ventana, la misma planta y el mismo lugar. Se imaginaba al verla cuál sería su sueño en la vida a la vez que pensaba: «*tantos espacios en el mundo y se camina tan poco; tantos sueños soñados y se alcanzan muy poco*».

Cerrada la puerta: Si se cierra la puerta es para que nadie entre; si quieres entrar, tienes que tocar y esperar que abran; así lo dicta el protocolo. Si empujas la puerta serás mal recibido. Si hay una verja en sus predios es para que nadie cruce al caminar cerca. Si cruzas, estás en violación; no importa la intención, es considerado un intruso porque entraste sin ser invitado. Si tienes una fiesta en casa y alguien se presenta sin invitación, será devuelto o pasará al último rincón. ¿Será correcto de acuerdo al protocolo, o habrá manera de abrir la puerta sin tener que empujarla? ¿Quién o quiénes tienen la llave? ¿Será correcto de acuerdo a la regla marcada por los derechos fronterizos? ¿Quién o quienes tienen la oportunidad de caminar los predios del otro lado de la verja?

Son tantos los que no pueden caminar, solo correr, de un lado a otro para no ser atrapados por el perro guardián de la fiesta, solo con el derecho de ver de lejos a los comensales tomando vino y disfrutando el suculento banquete. Ellos, entre aplausos y algarabía, ni se percatan del que espera limpiar la mesa para ver en qué plato queda lo que será su manjar.

La otra cara del Sueño Americano está ahí muy cerca; solo hay que virar las cartas cuidadosamente. No tienes que ser gitano para predecir el panorama; si observas bien, las espadas están ahí y los corazones también. Solo hay que barajar y comparar las cartas y luego hacer la jugada. En la vida, es igual: hay que diferenciar entre lo que significa el bienestar de vivir o sobrevivir. Tal vez la infelicidad se esconda detrás de cosas impredecible, por ejemplo, en un adiós sin regreso o dejas de ser tú camuflándote en cualquier color para sobrevivir en territorios extraños, tal vez no respetando el tiempo de regreso a tu origen. Los años no son regresivos porque el tiempo no lo es; marca sus huellas y no las borra ni la lluvia al caer.

Un árbol siempre crece sobre sus raíces originales; un edificio llega a ser una torre muy alta siempre sobre su base fuerte. Un ser humano no es la excepción, venga de donde venga, vaya a donde vaya: si tratas de dejar atrás todo lo que eres y tienes, jamás podrás seguir creciendo como árbol que se sostiene firme sobre la tormenta.

Hay que ser más cuidadoso, repasar y descifrar mejor el sueño antes de apostar al premio, ser muy cauteloso antes de empujar la puerta para entrar. Es mejor esperar sigilosamente, mirar para no quedar rezagado si se te niega la oportunidad de entrada, asegurarte que lo que has dejado siga siendo tu base y lo que buscas sean las ramas verdes para fortalecer el tronco principal: la familia.

Sacrificios por un mañana mejor solo traen amarguras y días para sumar al pasado. Vive lo que tiene en cada día; no lo reserve al futuro. Mañana no se sabe, por eso se cierran los ojos al dormir para esperar la bendición de poder abrirlos en el amanecer que es incierto—no es garantizado a nadie—por eso no se debe cambiar hoy por el mañana. El Sueño Americano cambia todo, no solamente el hoy, sino la espera del mañana, lo que eres y lo que tienes por un futuro mejor, tan incierto como el mañana y tan variado como los colores que pueden pintar de verde, pero también de rojo.

Son tantos los horrores como las víctimas que es imposible acomodar en la mente los resultados de tanto dolor y sacrificio. Las historias escritas por el tiempo van narrando indeleblemente los dramas humanos, lo que lleva a pensar sobre la gran capacidad de lucha y amor que tiene el ser humano, pero si se lo propone, qué insensible puede llegar a ser. No hay sacrificio que valga cuando pierdes o cedes lo esencial en la vida.

¿Quién dice que la esclavitud se ha erradicado? Solo hay que detenerse un poco y observar dónde están puestos las cadenas y los grilletes; obviamente no están en los pies ni en las manos, tampoco maraquean al caminar y mover las manos. Las cadenas están ahí casi invisibles, claro, como corresponde a los tiempos modernos y sofisticados. Se dice que las cadenas psicológicas doblegan más rápido y son más dañinas y efectivas que las de hierro porque es donde se lastima profundamente, donde se debilita y se desfuerza la voluntad del prisionero.

La discriminación es solo un síntoma de los males porque golpea con el látigo de las injusticias. Es desesperante ver cómo la fuerza de los que tienen el poder aplasta sobre el más débil, cerrándole caminos y entradas, sumergiéndolo hasta el cuello, para que tenga que tomar el agua sucia de la desesperación, acorralados sin cadenas que los aten, pero atrapado y sin salida, sin alternativa.

Sin alternativa—*without a choice*—entregan y dejan atrás sus propias vidas en el campo de los sacrificios y—lo que es peor—les dejan a sus hijos ese mismo legado. ¿Se podrán identificar los culpables o el culpable? ¿Serán ellos mismos por tener la osadía de soñar, o en todo caso la valentía de luchar? ¿Serán los gobiernos por no proteger a su gente, abandonándola al desamparo de su suerte, negándole el soporte y medios de vida para vivir en casa con dignidad a través de sus trabajos y esfuerzos? Esto lleva al cuestionamiento de si esta gente querría vivir así. Si tuvieran la oportunidad de quedarse o regresar a sus tierras, ¿Lo harían? Para encontrar el pan de cada día para ellos y sus hijos a través de un trabajo digno, sin las humillaciones y precarias condiciones en las que viven en la tierra de los sueños. ¿Se regresarían o no se hubieran ido nunca? Esa es otra pregunta en el vacío, se inclina a creer que sí porque a quien le toca vivir el otro lado del Sueño Americano se arrepiente más de mil veces, por no decir toda su vida. Ellos son más de los que se puede imaginar porque viven en la sombra sin poderse calentar al otro lado donde no calienta el sol.

Sus sueños se escapan como globo al vacío de las manos de un niño, que luego corre tras él, persiguiéndolo, y después de detenerse al ver que se eleva muy alto, extiende sus manos tratando de alcanzarlo. Al final, cuando se da cuenta que lo ha perdido, llora persiguiéndolo solo con la mirada hasta que desaparece en el vacío. «*Se fue, lo perdí, era mi globo*», dice el niño en su lamentar. «*Te compraré otro*», dice mamá, pero el consuelo no llena las manos de aquel niño que ha quedado decepcionado al escapársele su globo echándose a volar, como aquellos sueños perseguidos que se espuman ante las realidades que los alejan cada vez más.

Peleando una batalla que tenía que ganar, ella se tuvo que camuflar como raíz viva en invierno, fuerte porque los enemigos eran muy fuertes. Doblegarse sentía su cuerpo, pero jamás la voluntad, pues el coraje va dentro y por esa puerta nadie puede entrar.

Bienvenido sea cada momento en el que puede recordar; no importa que llegue la noche si con las estrellas puede brillar. No importa vivir en la sombra si un buen árbol te cobija, compartiendo la luz cuando las ramas al viento saludan, esperando el revolotear de los pájaros cuando anuncian el secreto para triunfar, sin darles paso a las cosas que arruinan los sueños: un despertar repentino, la falta de orientación, un abandono, una desmedida ambición, una dosis de pereza, una inflada ilusión que te echa al vuelo sin norte, una visión limitada, un puente sin viga que te deja caer al vacío, un barco a la deriva que no puede anclar, una cama con arenillas que no te dejan dormir, una noche sin estrellas que no te induce a soñar, una carga muy pesada que no te deja avanzar, un camino tan largo que jamás puedes llegar, o una multitud cerrada que tienes que esquivar, nadando agua arriba que te devuelve al mismo lugar. Si te sueltan de las manos cuando apenas sabes caminar; si te caes del nido sin tus alas madurar. Si caminas en ruta contraria que te aleja del lugar; si te resignas tras duro golpe que te hace doblegar. Si confías en las gentes que te pueden traicionar, arruinan los sueños y también tu despertar.

La otra cara del Sueño Americano—*the other side of American Dream*—recrea las experiencias vividas por los soñadores, presentando el rostro que carece de sonrisas al ser marcado por las tragedias y desilusiones que viven allí al caminar por las calles del país de los sueños y al encontrarse con realidades más duras que las calles de concreto y con sueños más altos que los rascacielos.

Sin negar en ningún momento que muchos logran sus sueños sin importar el precio, pero son tantos los que pagan el mismo precio y se quedan arruinados con las manos vacías. El mago de la realidad interpreta que la otra cara del Sueño Americano no es fortuna, prosperidad y bienestar, calificativos del tan anhelado y buscado Sueño.

Una de las partes más interesantes de la historia estadounidense está compuesta de los soñadores emigrantes que por generaciones han dejado huellas de sangre, pagando grandes precios, entregando hasta sus propias vidas. Siempre fue así; hoy es así y seguirá siendo así porque las ilusiones solo presentan lo hermoso de tener esperanzas de un mejor mañana, sin prevenir que detrás de un día soleado puede sorprender una violenta tormenta, que puede cambiar el color del horizonte, el rumbo y la hora de llegada.

Es posible pintar lo oscuro de blanco, y es posible volver a las experiencias desagradables—sabiendo que solo son agendas pasadas—para aprender la lección. Es divertido recordar, porque así juegas con el tiempo: el pasado que se fue, y el futuro que imaginas. Siempre hay algo detrás o delante, abajo o arriba; es muy importante mirar alrededor para poder apreciar dónde se encuentra el panorama de tu vida. Si te encuentras soñando solo tienes que despertar.

Domingo en la mañana, ruta montada en el león rugiente de los rieles: ella observa tres categorías que clasifican a los ciudadanos: alta, media y baja—nada extraño, como en toda sociedad. Primera: los que logran sus sueños y pueden ponerse la corona. Segunda: la masa trabajadora que forma la gruesa plataforma para sostener la corona. Tercera: los que sirven de alfombra para que cuando pasan los jerarcas, no se empolven los pies.

Hay un grupo más que no tiene estadística porque no logra alcanzar ni la tercera categoría. Ellos se quedan en la sombra, en el anonimato sin poder salir a calentarse bajo el sol de la tierra que promete hacer los sueños realidad. Sea cual sea la razón por la que no hace estadística en las divisiones o escala social, es una realidad que casi nunca se toma en cuenta al coger el camino hacia el país donde se cree estar el alumbramiento de todos sueños, el país cuyo nombre es Estados Unidos y su apodo prosperidad.

Un país de extremos, donde para vivir o sobrevivir tienes que estar arriba o abajo. Si te quedas en el medio, sientes asfixiarte al faltar los recursos del espacio requerido para moverte. Los ricos o más afortunados no tienen problemas para respirar; el viento sopla a su favor todo el tiempo. La clase media—como su nombre lo indica—está en medio de lo mejor y lo peor, mojándose los pies, pero con los brazos hacia arriba luchando por agarrarse para subir. Con frecuencia los otros les pisan las manos para que tengan que derrumbarse y mantenerse en el mismo lugar, produciendo la fuerza que necesitan ambos extremos para mantener posiciones firmes, porque al que no produce se le da todo, y al que produce se le limita demasiado.

Esto se aplica en la escala de abajo hacia arriba. Cuando se trata de los que están en la cima, son la excepción. Aunque sacuda un terremoto, ellos siempre caen sobre algo que los amortigua. Los extremos son malos porque el frío azota con mayor severidad a la intemperie, pero a veces en el medio se asfixia por el furor del calor. Sin duda, lo ideal sería el balance donde el punto de fuerza se repartiera equitativamente para dar paso a un buen equilibrio.

No es un tema político, pero es bueno recordar que los sueños están en todas partes, como es bueno soñar. La pócima está en saber combinar las yerbas que puedan embriagar. ¿Será que siempre fue así o es algo nuevo? Lo cierto es que los emigrantes también tienen su época de oro como todos en la vida—las flores en primavera, los pescadores en aguas revueltas y los inmigrantes en elecciones—. Los candidatos sorpresivamente hablan otros idiomas—caramba, qué inteligentes son—lo curioso es que los olvidan una vez en la Casa Blanca. Sus promesas aguantan como el buen vino en su último sorbo para saborear el dulce sabor de otra posible victoria. Cuatro años más quieren sentarse en la cómoda silla, reviviendo así las promesas que no pudieron cumplir porque cuatro años fueron poco y se necesitan cuatro más para firmar un acuerdo, que solo en promesas quedó, de darles permiso a muchos para soñar.

Cuando el tiempo pasa y sientes que no has vivido, cuando has vivido y el tiempo no has medido, te vas sin darte cuenta que un día estuviste. Cuando la noche pasa y dormir no has podido, te das cuenta que, para soñar, la noche hay que aprovechar porque en la oscuridad los sueños son más claros. Si al caminar no puedes marcar tus pasos veraces, al mirar atrás no podrás contar tus huellas que son las indelebles pruebas de que por ahí un día pasaste en ese caminar lento, soñando sin despertar mientras levita inconsciente porque no quieres contemplar el tiempo que se ha ido.

Ni en los sueños más alocados de grandes y de pequeños se puede imaginar un mundo tan desigual, tan lleno y con tantos vacíos, con tantos generadores y a la vez tan frío, tantos corazones y el amor extinguido, con lluvias de miradas y no se puede cautivar ninguna, tantos espacios y se camina apretado, con torrentes de aguas y la sed no es calmada, tantos genios y se desconoce el valor de la vida, tantos mandamientos cuando en realidad solo hay uno, tantas leyes y la justicia no llega, largos días y el tiempo no alcanza, bajo un sol tan ardiente y no se siente calidez, infinitas estrellas y no es posible alcanzar ninguna, un mundo tan serio y con tantas fantasías, tan hermoso y con tanta fealdad, tan estable y con tantas despedidas.

Se fue. No supo cuándo, y sin sospechar la buscó fielmente, encontrando solo el vacío porque esquivaba simplemente. Como mariposa viajera, esperando en el camino encontrarse con aquella madre, pero descubrió que se había marchado lejos, por eso se sentía perdido, buscando fortunas nuevas, olvidando que los tesoros casi siempre se tienen muy cerca; solo hay que mirar y valorar todo cuanto tiene. Los hijos pierden a sus padres y añoran su mejor fortuna, sintiendo la infelicidad que los hace tan pobres como ninguno porque han heredado la fortuna del desamparo y las inseguridades que abren vacíos que no se pueden llenar. Tal riqueza la marchitan los años, el tiempo perdido, las lágrimas y los lamentos de aquellos inocentes que no entienden por qué se fueron y nadie puede explicárselo porque solo el alma es testigo. Hay tantas razones por las que se dice adiós y tantos caminos que extravían estas criaturas sin poder regresar, como pájaros tiernos que abandonan sus nidos sin sus alas madurar. Siguen esperando, aunque vean el tiempo pasar; los hijos no se cansan de esperar, mirando el sendero por el que un día vieron a sus padres desaparecer.

Sabes cuándo va a llover porque las nubes se tornan grises, y a amanecer porque se torna más oscuro. Sabe cuándo vas a tropezar porque las piedras entorpecen el camino, a llorar porque el corazón se rebosa de emoción, a ser feliz porque estás listo para compartir, a despertar porque tus sueños cambian de rumbo. Sabes cuándo estás extraviado porque los caminos se cruzan, y cuándo quedas atrapado al oír la puerta que se cierra tras tu espalda. El Sueño Americano atrapa a muchos, como a ratones tras el queso que tarde se dan cuenta de la trampa que se tenía que esquivar.

Historia de todos como emigrantes, amigos, familia o simplemente ciudadanos de este hermoso y a veces complicado mundo. Ella mantuvo en su mente la impresión de un triste relato, escuchado a través de un comentario entre amigos, sobre una joven criatura que se inspiró en su propio dolor vivido al ser dejada atrás por sus padres. Ella no quiso saber más que los comentarios que había escuchado en esa ocasión acerca de aquella criatura que, por estar enferma, fue abandonada por sus padres y hermanos en el momento de emigrar a los Estados Unidos. Como se sabe, son muchos los requisitos para obtener el permiso o visa de entrada al país de los sueños; uno de ellos—muy importante—es el estado de salud de la persona, especialmente si se trata de enfermedades contagiosas.

Tienen sus derechos y razones, porque nadie quiere que alguien venga a su casa y contagie mortalmente; eso es entendible. Lo que no se puede asimilar ni tampoco comprender es cómo un padre se desprende de un hijo de esa forma, dejándolo atrás en busca de un bienestar que se torna tan egoísta, sacrificándolo y abandonándolo de esa manera, sabiendo que no hay posibilidad de reunirse por la circunstancia dada. ¿Cómo tener el temple—si es la palabra correcta; no hay otra para describir tal acción—de abandonar al hijo a su suerte tan cruelmente? ¿Qué fuerza o sentimiento da el valor para desprenderse de un hijo de semejante manera—especialmente cuando está enfermo—sin saber si lo volverás a ver de nuevo? Esto va más allá de las llamadas separaciones familiares; son renuncias crueles llamadas "abandonos" y estos son tan comunes en nombre del bienestar que ofrece este sueño que no importa lo que se deja y a quién se sacrifica.

¿Cómo imaginarse, siquiera por un momento, lo que sentiría esa criatura en esos momentos y el resto de su vida? Desesperación, tal vez tristeza, confusión al no entender, quizás dolor sin calmante que sufriría toda su vida, corta o larga. Es muy común que las criaturas sean dejadas atrás, como si fueran cachorros, cuando no pueden seguir a sus padres en la dura sobrevivencia de la selva.

En el caso de los emigrantes, unos son dejados atrás porque estorban; otros son enviados delante como ancla al pico de la montaña para esculpir el sendero. No se sabe cuál será peor: ser dejado atrás o ser enviado delante para hacer camino. Lo cierto es que no hay bienestar, fortuna ni sueños que logren justificar tanta insensibilidad de unos padres inconscientes que dejan a esas criaturas indefensas, fuera de su protección, exponiéndolos como presas al depredador. Estas criaturas tienen en sus historias maltratos, abusos tanto psicológicos como físicos, y violaciones por sus propios familiares. Son realidades comunes tan fuertes que no se quieren aceptar—una cara como tantas otras del Sueño Americano—horrores que parecen fantasías de cuentos porque la mente se niega a acertarlos como realidades.

Ceder los sueños—aquí un relato como muchos que toca la piel y el corazón—, ceder los sueños es una de las grandes realidades en América. Es común verse en situaciones donde para sobrevivir, más allá de ver los sueños desvanecerse hay que entregarlos, renunciando o en todo caso abandonarlos voluntariamente, aunque no se quiera porque las esperanzas vuelan dejándolos atrás. Un día, ella preguntó:

—¿Dónde has dejado tu guitarra? Hace tiempo no la oigo sonar.

Él—graduado en su país y poseedor de una delicadeza e inteligencia natural—sonrió dentro de un silencio que lo decía todo. Es chocante saber que tienes que devolver a buscar las herramientas porque las que trajiste no te servían para continuar; tienes que volver a comenzar o seguir sin las herramientas necesarias, esculpiendo el camino con las propias manos.

En esas condiciones el camino se hace más largo, difícil y pesado. Es donde se ven desvanecer los sueños—aunque estés en el campo productor, no puedes cultivar y recoger; tienes que renunciar a los frutos, aunque no quieras darte por vencido—. Su guitarra—hasta ella extrañó en algún momento—. Su guitarra era su pasatiempo con el que le daba ese toque dulce y agradable a su vida en el momento de decir: «*qué hermosa es la vida*». ¿Por qué abandonó su guitarra? Desilusión, abandono, renuncia, tal vez coraje con sí mismo... es difícil de precisar. Pero, ¿Por qué renunciar a cosas tan sencillas que son parte de ti mismo? Imagínate cómo él visualizaba su vida al inspirarse con su guitarra: sus grandes y lindos sueños que dejó al no tocar más. Les pasa a muchos porque allí la elección no es una opción.

Los caudalosos ríos necesitan de los arroyuelos porque se nutren de ellos para mantener sus fuertes torrentes. Cuando alcanzan un gran caudal, se unen a otro mayor para buscar la mar, donde descansan sus aguas sin temor a derramarse. Otros en sus caminos se unen a otro mayor para formar un fuerte y abundante caudal; no importa si caen al precipicio, solo producen admiración. Sus nombres cambian a cataratas que producen fuerzas y energías al caer sus aguas. Las corrientes de aguas que se juntan para formar un fuerte caudal son parecidas a las de las gentes que se unen y van sembrando las semillas de las esperanzas que son imprescindibles para soñar.

Los emigrantes legales o ilegales—uf, qué palabras más feas— entran por diferentes puertas, pero se juntan en el salón de recesión, tomando la misma agua y caminando las mismas calles. Los hijos, como afluentes, forman la gran corriente y montan el mismo tren, buscando no el mar fuerte pero sí el poder lograr. Aunque sus padres caídos, tal vez, en un camino largo no provoquen admiración, la fuerza de su caída será escuchada y sentida por generaciones.

Arrepentido Antes De Llegar

La debilidad de un soñador es poder volar muy lejos, agarrar las ilusiones y volverlas realidad. «*Arrepentido antes de llegar*», comentaba un joven conocido sobre su travesía rumbo al camino de los sueños. Ella lo escuchaba en atención mientras él comentaba su arriesgada y peligrosa experiencia. Llegó un momento en el camino cuando sentía miedo, temía por la vida, y quería regresar. Estaba arrepentido de haber tomado la decisión de dejar su tierra y aventurarse a irse de casa, de su país. Se había quedado solo en su travesía, perdido y desorientado. Buscando atajo, tratando de acortar el camino, brincó una verja. Para su mala suerte, se quebró una pierna y se quedó sin alternativa para seguir.

Quiso entregarse a migración en un intento por salvar su vida, aunque eso significaría el fin de su sueño. Se acercó a una cabina donde se estacionan los patrulleros fronterizos de migración, pero estaba vacía; no había nadie de servicio. Sin opciones más que la de seguir hasta que su fuerza le permitiera, en ese momento se arrepintió, con una pierna rota y el dolor que estaba sintiendo—no solo por su pierna, también al ver su sueño convirtiéndose en pesadilla en la que estaba en juego también su vida—.

Siguió adelante, solo con la fuerza que da el instinto de sobrevivencia en momentos como esos, en los que se genera y se busca fuerza donde no la hay, esa fuerza llamada fortaleza interna que es tan difícil descifrar en el ser humano. Fuerza muy importante, es el bastón psicológico de muchos en la lucha por salir adelante; da el coraje para seguir en caminos largos y difíciles o en cualquier desafío y lucha en la vida.

El joven salvó su vida y pudo llegar gracias a que encontró a un buen samaritano que le permitió hacer una llamada con su celular—

digo un buen samaritano, porque en el camino hacia la tierra de los sueños muchos encuentran a samaritanos, pero no siempre buenos—. Esa llamada le salvó la vida, pues se pudo comunicar con alguien que fue a su encuentro. Esta experiencia la estaba contando cinco años después, relatando por completo de cómo salvó su vida y pudo llegar a su destino. Comentó además sobre el dolor y desconcierto de su familia al no saber de él por mucho tiempo. Estaban en duelo hasta llegar a comenzar a preparar un funeral sin el muerto, con un dolor que casi nunca se toma en cuenta cuando se dice adiós. Estos sucesos son comunes, los dramas son reales y los peligrosos riesgos que se desafían por el Sueño Americano a veces sobrepasan el atrevimiento.

Cuestionando el joven, ella le preguntó:

—¿De dónde eres y qué hacías en tu tierra?

—Soy caribeño y era empleado de una prestigiosa compañía de comunicaciones en mi país. Soy ingeniero electrónico—contestó.

—¿Qué haces aquí?

—Arreglo apartamentos pintando y entapizando las paredes viejas.

—¿Por qué arriesgaste tu vida y dejaste todo lo que eras para venir aquí?

Él contestó:

—Cuando yo veía a mis amigos y la gente que llegaba con esos tenis nuevos de marca, me desesperaba y pensaba: «*yo quiero algún día poder comprarme tenis y ropas de marca igual que ellos*».

Lo curioso es que no estaba vestido con tenis nuevos ni ropas de marca, sino con unos muy viejos y pantalón pintado de pintura seca. Esta historia señala directamente a la gente que regresa a sus países y que tiene mucho que ver con esta clase de reacciones. No son embajadores honestos: solo enseñan el brillo, jamás el lodo. La historia de este joven es un ejemplo más de los desatinos y torpezas que se cometen. Había dejado su trabajo en el campo electrónico porque creía poder hacer algo mejor o—mejor dicho—ganar más dinero, pero pasó a ser un ayudante de alguien que empacha y pinta apartamentos. No es un trabajo deshonroso, pero el canjeo tiene algo de locura y desventaja.

El interrogante es el canjeo de capacidades en el campo de trabajo. ¿Por qué regresar atrás si la meta es seguir creciendo? La calidad de vida no siempre viene de la cantidad de dinero, pero se cree lo contrario—lo confirma la decisión de dejarlo todo y arriesgar la vida por lo que cree es más y mejor—.

Se arrepintió en el camino antes de llegar y estuvo a punto de perder su vida. Tal vez cinco años no son suficientes para que se despierte y se dé cuenta de su posición, extrañando todo aquello que renunció un día.

Muchos se arrepienten después de llegar; otros, antes de llegar porque la puerta se abre antes de que entren y pueden ver los pasillos sin antes caminarlos, enfrentando los desafíos y peligros en los diversos senderos de llegada. No sé si son siete puertas con sus siete dragones los que hay que desafiar a la entrada; quizás sea así. Quienes se enfrentan al monstruo del mar, siempre amenazante con sus furiosas fuerzas; aquellos que caminan por el desierto enfrentando el furor del sol que los quema y los seca lentamente en un desafío abierto a la muerte; o aquellos que pasan meses en travesías en caminos largos y desconocidos, cruzando fronteras tras otras—solo ellos saben dónde y de qué puerta salen los ataques del dragón de las siete cabezas—.

Todos esos horrores vividos se convierten en agonía lenta como parte del Sueño Americano. Muchos se arrepienten antes de llegar y quisieran poder volver atrás, pero ya están demasiado lejos. La realidad es que esta corriente tiene muchos nadadores: los que quieren venir, los que quieren regresar, y los que quieren devolverse del camino en un arrepentimiento forzoso obligado por la amenaza y el temor de perder su vida. Este joven fue afortunado de poder contar su historia; muchos no tienen la suerte de hacerlo y suspirar de alivio al mismo tiempo que la cuentan, recordando los escabrosos caminos.

El Velo Que Disfraza El Rostro Del Amor Para Abrir Las Pesadas Puertas Hacia El Sueño Americano

Los matrimonios inspirados no por la fuerza del amor, sino por los intereses que estos significan, son temas comunes y controversiales, no solo por estar fuera de la ley, sino por las consecuencias que acarrean. Entendibles pueden ser las razones, pero no los estragos; es como querer jugar con fuego pretendiendo no quemarse. Estos amores áridos producen terribles dolores—secuelas permanentes en la familia y la sociedad—al traer criaturas al mundo sin la base del amor. Estos matrimonios interesados ocasionan tantos conflictos emocionales no solo en la pareja, pues también los heredan los hijos que procrean en el desamor.

Los resultados de estas inconciencias son terribles. Generan engaños y traiciones en las parejas que pretenden un amor que nunca existió ni se sintió. Hay abandonos de uno por otro, y los hijos dejados atrás, desprotegidos y llenos de inseguridades. Es una de las partes más tristes del disfrazado amor: los hijos lastimados, abandonados por sus padres, ya sea cuando estos cumplen sus objetivos o porque ya no soportan más en una relación sin amor. La vida se les convierte en su propio infierno, no solo a ellos, sino también a esas víctimas criaturas inocentes que quedan atrapadas en las garras del Sueño Americano después de ser traídas al mundo en familias disfuncionales sin amor y seguridad emocional. Resultado: hogares destruidos no porque se acabó el amor, sino porque nunca existió.

Son muchos los crímenes que se cometen en esto, pero traer criaturas al mundo bajo estas condiciones y con esas intenciones, o exponerlas a peligros inconcebibles, consciente o inconscientemente, es sencillamente cruel. Estos niños son productos de matrimonios circunstanciales o planeados como puentes para que lleguen otros, como llaves para abrir puertas pesadas. Es uno de los crímenes más cobardes, dañinos y sensibles cometidos en nombre de los intereses por lograr el Sueño Americano, dejando bien claro que nada es poco ni demasiado con tal de lograrlo. Tronchar una vida es un crimen y estas criaturas son tronchadas por la misma manera en la que vienen al mundo dentro un matrimonio disfrazado, no por un velo blanco en el rostro de la novia—símbolo de pureza—sino bajo el manto negro del engaño.

Todo ser humano sabe o presiente que el mundo es un paraíso a conquistar; por lo tanto ninguna criatura agradece que su herencia en la puerta de llegada sea la del sufrimiento. Cada quien es capitán del barco de su vida y puede anclar en el puerto que más seguro le parezca, por lo tanto, nadie tiene el derecho de arruinar la vida de otro en nombre de un sueño o de ningún otro bienestar. Sin duda, esas uniones—que producen las monedas para pagar en las vías de llegada—esconden horrores espantosos detrás de la sublimidad del amor.

"¿Por qué tú fuiste y yo no puedo ir?" Son muchos los argumentos y reclamos que se escuchan cuando alguien trata de señalar el otro lado del Sueño Americano. Es difícil, casi imposible, hablar del tema porque tiene tantas caras como realidades. ¿Cómo contradecir su reputación y fama, que ha tenido y sigue teniendo en el recuento de la historia? ¿Cómo llamar la atención en los acontecimientos más comunes y poner al descubierto realidades tristes y difíciles de creer? Hay que rebuscar palabras para evocar el tema; los hechos están ahí como realidad, pero es difícil señalar.

Un factor importante por lo cual es tan difícil es que el ser humano casi siempre está en constante conflicto de competencia con los demás, desviando sus propios caminos para seguir los de otros, perdiendo así la oportunidad de sus propias elecciones que lo podrían llevar al mundo de los éxitos sin que tuviera que trillar caminos ajenos. Es común ir detrás y tomar decisiones a perseguir lo que otros tienen sin tener la menor idea de cómo lo han obtenido y qué precio han pagado. No se debe adentrar a cruzar un rio sin saber qué profundidad tienen sus aguas porque se podría perecer en el fondo de su caudal. Hay que hacer conciencia y darse cuenta que las sendas son más cortas y los éxitos más seguros cuando se fijan las propias metas.

Son tan ricos y no lo saben porque les han hecho creer lo contrario, y los sueños se ven tan lejos porque los han puesto en un lugar determinado. ¿Quiénes? Solo hay que observar el juego: la pelota está en las manos del amo y es lanzada para que el cachorro vaya y la traiga de regreso. Si el amo la quiere de regreso, ¿Para qué lanzarla? Siempre hay una segunda intención; puede ser para divertirse o hacer que el perro haga ejercicios. Siempre hay un marcado interés cuando fijan un objetivo aquellos sentados en sus altas sillas sin el menor peligro de mojarse los pies. No importa la inundación o la tormenta que azote; siempre sus pies estarán secos cuando lo otros tienen el agua al cuello.

Los gobiernos negocian permisos y acuerdos migratorios para que puedan quedarse, así garantizándose a la misma vez esas fuerzas de trabajos que les traerán de vuelta la pelota lanzada, como si vendieran o alquilaran a sus gentes sin que les importen sus batallas y sufrimientos en campos extraños. ¿Por qué no llamarle por su nombre? Esclavitud que empuja a la gente, de una forma u otra, obligándole a tomar del agua de la desesperación en su búsqueda de la sobrevivencia.

Cada pueblo tiene sus riquezas y su gente que sabe asimilarlas. La desesperación viene cuando unos cuantos lo acaparan todo, dejando poco o nada para los demás. El problema radica cuando se les niega todo a los que tienen derechos como seres humanos. No es mucho lo que piden: solo una vida digna a través de sus trabajos y se quedarían en casa. Pero sin los básicos para ellos y sus hijos, viene el desatino y con ello el desoriento. Por eso, cuando tienen sed salen como manadas por cualquier puerta, lanzándose a los mares, desiertos y ríos, arriesgándolo todo, buscando sobrevivir. Aunque no todos se arriesgan por las mismas razones, es evidente que muchos lo hacen por ambiciones y caprichos desmedidos; eso no se puede negar. Aquí se está hablando de ese lado oscuro y forzado donde tienen que caminar sin alternativas los menos afortunados.

Son episodios que sin duda denuncian y llaman mucho la atención. En el espectáculo detrás de las gruesas cortinas, los gobiernos se inclinan para correrlas—solo un poco—para filtrar las miradas de la gente que tiene que pedir, una y otra vez, en tono suplicante y desesperado, que le permitan quedarse. Lo peor es que ellos saben las condiciones de la gente y juegan caprichosamente, poniéndoles condiciones inalcanzables para la mayoría de ellos. Luego se dan el lujo de ilustrar algunos casos logrados en publicidad para que se vea que sí es posible, pero siempre poniendo las carnes, no en la parrilla, sino en el garabato muy alto: si la puedes alcanzar, tómala, y si no, sigue dando saltos. Se olvidan que con la dignidad de un ser humano no se juega. Es algo sagrado que se lleva dentro porque es legado dado por el creador al crearnos. Los administradores de las abundancias de este productivo mundo se olvidan de eso, porque a pesar de su inteligencia, no se dan cuenta que lo acumulado casi siempre viene del bienestar de otro.

Extraños en sus propias tierras: cuando se van y regresan, se pierden. Como turistas se sienten y ya nada les parece igual. Se preguntan: «¿Dónde está mi *tierra, el lugar donde nací*?». El lugar donde dieron sus primeros pasos y balbucearon sus primeras palabras. Los de antes ya no están, y los conocidos se vuelven ajenos. No solo el deseo de superación los llevó; el desamparo patrio los arrastra como árbol sin raíces en aguas turbulentas, llevándolos a orillas extrañas.

Los guardianes centinelas abren las puertas de partidas como represa desbordada, teniendo en sus manos las fuerzas para retenerla, pero ignorando que todos tienen el derecho a tomar agua fresca del pozo, a vivir en sus casas, sus tierras, en lo suyo y con los suyos. Les usurpan, olvidando que es su herencia a vivir como ciudadanos, no como forasteros en tierras extrañas, a ser hijos legítimos y no adoptivos, a sentirse en casa y no como huéspedes.

Cuando regresan después de haberse ido, entonces se quedan fuera; al regresar a casa, se dan cuenta que han perdido su lugar y que las puertas están cerradas—las va cerrando el tiempo al pasar, volviéndolos ajenos y extraños a los suyos—. Pasan a formar la corriente de aquellos que no son de allá, pero tampoco de acá; siempre serán extraños en cualquier lugar. «¿*De dónde eres y cuándo llegaste?*» es la pregunta común a enfrentar siempre, tanto en sus países de origen como al que han emigrado, donde jamás son asimilados, siempre ajenos; no importan los años de estadía. Entonces se quedan atrapados entre el mundo de la apatía forastera y la indiferencia de los suyos que los han olvidado.

Siguen cargando con los fantasmas de los lamentos que los hacen sentir doblemente cansados hasta caer de rodillas con los pasos lentos y el aliento rebuscado, cansados hasta no querer pensar ni tampoco escuchar porque no quieren saber, negada la mente y desgastado el cuerpo—como dos enemigos, uno aniquilando al otro—en el desánimo que causan las deserciones cada día, en un estado de ánimo común en la tierra de los sueños donde los clamores se escuchan constantemente: «*No es lo que yo creía...si lo hubiera pensado mejor... vine a buscar todo y he encontrado poco...imaginaba algo diferente... vivía mejor allá...creía que sería más fácil...estoy cansado de luchar... ¿Cuántos años me faltan? Si pudiera regresar...*»

No encuentran el camino de regreso. Cuentan el tiempo mientras buscan la abundancia del bienestar—aquel bienestar que se ahoga en los lamentos—quedándose en el camino de las decepciones, sin poder darse cuenta de la realidad que los podrían despertar para encontrar sus sueños, para lograr aquel reencuentro y acallar aquellos lamentos que como lobos heridos hacen ecos en las distancias, al otro lado de las montañas y fronteras. Muchos siguen el rastro de aquellos alaridos, buscando a sus parejas, sus padres como cachorros perdidos en las añoranzas y la espera de un regreso tardío. Los lamentos se convierten en legados comunes tanto del que se va como del que se queda. El fantasma de las separaciones familiares se vuelve pandemia de dolor y sufrimiento, originada por el abandono de los que se van y la espera de los que se quedan. Unos parten, dejando promesas, y otros esperan con las esperanzas de recibirlos de nuevo; pero todos se encuentran con que la puerta es muy estrecha para entrar y el camino muy largo para regresar.

El Sueño Americano no es fácil de interpretar—aunque sea en el silencio de las dos de la mañana—porque el dolor de las renuncias oscurece el alba. Ella conoció a alguien con su residencia que contaba anécdotas, pero con arrepentimientos. Con los años agostados, llegan a sus trabajos donde todos solo hablan de futuros sueños, pero son sueños marchitos porque en sus trabajos ellos no tienen las cosas con que construirlos. Si eres profesional, te puedes quedar porque los ríos caudalosos reciben a los más pequeños que los engrandecen.

Abandonan la oficina para escribir su historia en el pasillo, lo cual invita a preguntarse si será bueno ir en busca de las oportunidades y libertades sin conocer el camino. No hay duda; la gente clama por eso. Saben cuánto ganan, pero no lo que les queda. Los sueños que canjean los sacrificios son temas a considerar. Qué espanto ser convertidos en conejillos de experimentos u obligados a acostarse en camas peligrosas. En busca de una vida mejor, navegan en el mar de los tormentos donde no se puede descifrar los sueños. Será bueno soñar con los cerezos hermosos y poder hablar—en Spanglish—en tema del retiro.

Todos los que han peleado por un sueño son los protagonistas de esta historia, que es el reloj recordando el tiempo cuando cruzaron aquel puente, estacionándose para que otros pasaran hacia el país de los sueños, despertándose un día al darse cuenta que no se puede vivir entre horcones de hierros, sintiendo miedo al sentirse estar solo y ver a otros seguir. En las experiencias propias, uno entiende que el camino hacia el Sueño Americano está lleno de sorprendentes realidades, desafíos y sacrificios inconcebibles a la mente humana. Pero los demás jamás sospechan que hay muy poco de lo soñado dentro de la realidad porque no es así cómo se vende y se compra este sueño. Se cree que una vez que tienes la oportunidad—por así decirlo—de llegar y poner los pies en la tierra de los sueños, ya tienes todos tus problemas resueltos y más si se trata de dinero. No es así; la llegada es quizás el comienzo de una fuerte y agotadora lucha, llena de limitaciones y decepciones.

Todos aquellos que cultivan saben que, al recoger las cosechas, hay que sacar tiempo para separar y contar los frutos. Aunque tienes tu residencia, no sabes cuánto te costó; solo sabes que gastaste tus ahorros y tus sonrisas también. Aun así, das gracias al cielo porque cuántos hay que han pagado más que tú sin lograr ni eso, que han pasado su juventud en trabajos inhumanos que les robaron su salud—tesoro incalculable—todos aquellos que están ocultos detrás de la puerta que esconde la otra cara de esa moneda que no es precisamente verde como la han querido pintar como aquellos billetes verdes que aparecen en los sueños.

Después de la tormenta, viene la calma con la desolación; después de un día viene la tarde con la oscuridad y tras los sueños vienen las ilusiones con sus decepciones. ¿Qué hacer con la calma? Aprovecharla para combatir la próxima tormenta. ¿Qué hacer con los sueños que se ahogan en las decepciones? Pedirles a las ilusiones que no te abandonen jamás.

Es hermoso e importante tener sueños; si se terminan, quedas vacío porque son la fortaleza, motivación y dirección que te impulsan a seguir. Sin ellos, no hay la ilusión que te da la sensación de felicidad de creer que todo es posible. Si mañana no tiene un sueño, el sol no brilla igual y el tiempo se torna largo. El árbol necesita de la luz para crecer; de igual manera, se necesitan las ilusiones para luchar. Si no sueñas, no sabes lo que quieres; todo te da igual. Los sueños te llevan a lo que persigues en la vida; y si tienes una buena dosis de coraje y perseverancia, los sueños pueden encaminarte al triunfo dentro del equilibrio de la realidad.

Sin olvidar ser como fiera al cazar, buscando saciar su hambre, y como gacela al protegerse, buscando conservar su vida. Y no se debe olvidar jamás que hay que sacar tiempo para rumiar y descansar, disfrutar del resultado de tu trabajo. El león, después de cazar y devorar su presa, se retira a descansar en la sombra de un buen árbol. La gacela, si logra salvar su vida en aquella pradera que la deja al descubierto, también se retira a rumiar, lejos de aquel lugar donde se expuso y logró preservar su vida en su sobrevivencia.

La gente no sabe retirarse a tiempo; los atrapa la tormenta como a pájaros que no alzan sus vuelos a tiempo, entretenidos en el verdor sin darse cuenta de que es hora de partir. La vida es demasiado corta;

hay que respetar el tiempo porque cuando se va, no regresa, dejando solo las huellas. Si tienes planes de disfrutar de una siesta después de tu trabajo, hazlo a tiempo antes de que oscurezca. Un día más puede significar la diferencia, porque el génesis hacia la tierra de los sueños no son cuarenta años en el desierto, puede quedarte en cautiverio.

Todo a su tiempo: el águila vive y posa en las alturas; baja a la llanura a buscar sus presas, pero no sin antes explorar con el mayor sigilo. Las montañas tienen el mar a sus pies, pero saben que jamás podrán secar sus aguas; el mar golpea sus rocas una y otra vez sabiendo que nunca podrá doblegar o derribar su altura.

Es el secreto—todo en su lugar y tiempo—que hace posible el equilibrio y la majestuosidad del poder de cada uno. Grandes son las oportunidades; están ahí muy cerca, y con frecuencia no hay que cruzar mares, ríos, montañas, praderas ni desiertos para luego darte cuenta de que lo que buscabas estaba tan cerca de ti: familia, hijos, pareja, amigos, recuerdos, y tú mismo, con tu propia historia y tu propio potencial. Tus sueños comenzaron el día en que naciste en tu tierra, donde los sueños quizás sean menos excitantes, pero sí más claros y seguros. Si tan solo hubieras rebuscado alrededor o escudriñado dentro de ti, habrías palpado tu propia fortuna. El Sueño Americano pronostica fortuna, pero jamás es más grande que el tesoro que tendrás que canjear por él; descúbrelo por ti mismo y serás afortunado.

Buscando lo que tenía allá. Aquellos que se van de su patria se encuentran con el vacío de haberlo dejado todo atrás, extrañando y valorando lo que quizás no sabían que tenían. Entonces fijan la mirada en el punto de partida queriendo regresar y al volver atrás, se convierten en extranjeros en su propia patria. Perdidos en su lugar, olvidan los caminos y desconocen las reglas, encontrándose con la sorpresa que las puertas están cerradas y tienen que empujar.

Los sueños no son más que un sentir, un deseo que nace en el mundo de las ilusiones producidas por las semillas de los pensamientos en la mente, donde se originan las ideas tomando forma. La realización de un sueño es un deseo cumplido, una fantasía idealizada conquistada en la realidad. Pero, ¿Cuántas fantasías o cuánto de realidad hay en el Sueño Americano? ¿Será el Sueño Americano una ilusión concebida por el instinto de superación? ¿O es un sueño inducido a la mente, estimulado por la visión de un mundo ambicioso? En ocasión puede haber algo de los dos, pero hay una inclinación fuerte a ser un sueño inducido; por eso los éxitos abortados, forzados que causan tanto dolor y cuestan tantas lágrimas y nostalgias.

El Sueño Americano desvela su otra cara con su mejor interpretador—el tiempo, que poco a poca va corriendo el velo que cubre su gran fama—. Esta otra cara está tallada no en una moneda de plata o de oro, sino en los rostros de tantos soñadores que han tenido que pelear, como en campo de batalla, sabiendo que en cualquier momento pueden caer sin haber logrado la victoria.

Los sueños—aunque normales en los seres humanos y en las demás criaturas vivientes que de seguro sueñan también—se convierten en mentira cuando son desproporcionados o mal interpretados fuera de realidad. En su búsqueda, se cometen muchos errores; uno muy grave y común que lleva al fracaso es cuando se toma por estimulo el triunfo de otro. Las aspiraciones o energías que dan vida a los éxitos tienen que ser propias. Jamás se debe fijar la mirada en los triunfos de otras personas porque suelen ser excepciones. Hay una jornada para cada ser humano en la vida, y esa la tienes que visualizar y caminar tu forjada en senda segura.

Los sueños deben tener una proyección clara de lo que se quiere y se busca. Los sueños se entorpecen cuando van más allá de un bienestar sano, la gente entra en la corriente sin sospechar qué profundas pueden estar las aguas. La ambición desmedida es un factor para el fracaso; cuando se deja de pensar en lo que no tiene, entonces te da cuenta cuán grande es tu fortuna.

La falacia de los sueños produce los gemidos de frustraciones y el desdén de lo que tienes. El mundo ya está repartido—el tiempo de conquista ya terminó—y todo aquel que se atreve a cruzar predios ajenos, sencillamente tiene que pagar por eso. Si el mundo está repartido y unos cuantos se adueñaron del pastel, son ellos los que deciden hasta donde pueden pasar los demás. La realidad está ahí: haz conciencia, mira alrededor, reconoce lo que es tuyo y no dejes que nadie te lo arrebate. Al nacer heredaste un lugar para caminar en este mundo libremente y nadie te lo puede quitar. El lugar donde naciste siempre clama y espera por ti; no importa dónde estés ni cuándo te hayas ido.

Ella, al regresar a su tierra se sintió perdida, perdida en su propio lugar, insegura al caminar. La gente ya no era la misma en un pueblo que había cambiado y sus calles ya no eran igual. Se sentía extraña cuando le preguntaban: «¿*Cuándo llegaste y cuándo te vas?*», en una sublime forma de decir este ya no es tu lugar. Sintió envidia de aquellos que ocupaban su lugar y celos de las cosas que había dejado. Lamentó no poder recuperar porque el tiempo había pasado y no podía negociar. Pero al ver aquellas montañas que sí lucían igual, ella se sintió dueña otra vez de ese su lugar que nadie podía usurpar.

Tu tierra: no importa si es de madrugada y la luna testigo de tu adiós. No importa si es el mediodía y el sol te desdobla de tu sombra para dejarte ir, para dejarte partir, para decirte adiós. «*To let you go, to say farewell, to say goodbye*». Las palmeras se doblan en su duelo, anunciando que alguien se ha ido de ahí, y el viento que susurra preguntando por qué te has ido de aquí. En un dolor, en un nacer, en un dejar, en un comenzar, yo a mi tierra quiero regresar porque están mis pies empolvados de aquella tierra que pisé al nacer y que prendida llevo en mi piel. En un dolor, en un nacer, en dejar, en un comenzar, yo a mi tierra quiero regresar porque en mi sueño yo lo soñé.

01/29/2011

Sobre El Autor

Nacida en República Dominicana, en la región del Cibao. En su adolescencia, emigró a los Estados Unidos en los años 70s. Llegó al condado de Brooklyn donde vivió etapas notables de su vida.

CPSIA information can be obtained
at www.ICGtesting.com
Printed in the USA
LVHW091906101219
640002LV00008B/914/P